# 奥深いチーズの世界

　フランス料理やイタリア料理とともに、ワインを楽しむ人が増え、チーズの人気も高まりつつあります。ほんの少し前まで、専門店でもなければ、限られたチーズ以外はなかなか手に入らなかったものでしたが、今ではスーパーやコンビニエンスストアなどでも、棚に並ぶチーズの種類がどんどん増えてきています。

　そうはいっても、ほとんどの方は、チーズは切ってそのまま食べたり、ピザやグラタンにのせて味わっていることが多いのではないでしょうか。けれど、チーズの本場、欧米では、毎日の食事に幅広くチーズが使われます。食材としてはもちろん、時には料理にコクや旨味を引き出す調味料として、また肉や魚に添えるソースの味つけのベースとして、他の食材やワインとの組み合わせも、実にバラエティに富んでいるのです。

　本書では、そんな欧米のチーズ活用の知恵も取り入れ、世界各国50数種類のチーズを紹介しながら、それぞれの特徴を活かして、より美味しく食べるためのレシピを取り上げました。中には、多くの方が聞いたこともないような、珍しいチーズもありますが、同じタイプ（P4～6参照）のものなら、十分に代用可能です。今まで食べたことのないチーズを買ってみたいけれど、「何を買えばいいのか分からない」「どうやって食べたらいいのか分からない」といった方にも、ぜひ本書を参考に、新しいチーズを楽しんでいただければ幸いです。

2003年9月

江上　佳奈美

Contents

■**フランスのチーズで……**
ロックフォール（ヴューベルジェ）〔■〕──鶏のワイン蒸しブルーチーズ風味　8
ボングリヴォワ〔○〕──豚肉と生ハムのチーズ焼き　10
クロタン ドゥ シャヴィニョール〔△〕──温野菜のクロタン焼き　12
フルムダンベール〔■〕──大根と小エビの炊込みご飯とろーりブルーチーズのせ　14
コンテ〔◻〕──チーズのこんがり焼きおにぎり　15
トラップデシュルニャック〔○〕──クロワッサンカップサンド　16
サンフェリシアン〔●〕──フレッシュチーズのメイプルワッフル　17
ボフォール エテ〔◻〕──ハーブサラダピザ　18
ヴァルフレ（アイユ＆エルブ／レフォール）〔●〕──ピーマンのチーズファルシー　20
ロッシュバロン〔■〕──きゅうりボート　22
フロマジェダフィノワ〔▲〕──生ハムとチーズのコルネ　24
カマンベール〔▲〕──カマンベールのフライ　26
カマンベール ドゥ ノルマンディ〔▲〕──カマンベール ドゥ ノルマンディのアーモンドグリル　27
カベクーフィーユ〔△〕──プラムチーズ　28
ミモレット ウィエイユ〔◻〕──チーズ・クリスピー・トルティーヤ　29
キャトルフィーユ〔△〕──チーズのクラコット　パイナップルのフランベのせ　30

■**イタリアのチーズで……**
グラッタマンジャ バンビジャーノ〔◻〕、キコランギ〔■〕──2種チーズのペンネ　32
スカモルツァビアンカ〔☆〕──チーズと長いものステーキ　山椒風味　34
ビオクレーメ〔△〕──チーズタラモサラタ　35
スカモルツァフミガータ〔☆〕──きのことスモークチーズの和風マリネ　36
タレッジオ〔○〕──バウル カルツォーネ風　38
トーマヴァルセジアーナ〔◻〕──いちじくとチーズのパウンドケーキ　40
フィオレンツァ〔●〕──フレッシュチーズのムース プラリネ添え　42

■**イギリス、アイルランドのチーズで……**
リブルスデイルゴート〔◻〕──イングランド・ドライカレー　46
ホイール ハーブ＆ガーリック〔◻〕──チーズチキンハーブリエット　48
アップルドール〔◻〕──アップルチーズ　シュトローデル　50
ホワイトスティルトンレモン〔◻〕──洋梨とレモンチーズのオープンパイ　51
クロジエブルー〔■〕──ブルーチーズのスフレオムレツ　52
アルドラハンファームハウスチーズ〔○〕
　　　　　　──スナップえんどうとウォッシュチーズのガーリックソテー　54

●Fresh　▲White　■Blue　○Wash　△Chèvre & Brebis　□Hard & Semihard　☆Stretch

■オーストリア、スイス、オランダ、ベルギーのチーズで……
ケーゼミューゼ〔●〕———カラフルピンチョス　56
ツィーゲンケーゼトルテ〔△〕———大根とチーズのさっぱりサラダ　58
ビオパルメザン〔□〕———マグロのカルパッチョ　パルメザン風味　60
ローテスシャーフ〔○〕———ローテスシャーフ　アペリティフ風　61
カーヴエイジドエメンタール〔□〕、グリュイエールレティヴァ〔□〕
　　　　　　　　　　　　———伝統的スイスのチーズフォンデュ　62
ゴーダトリュフ〔□〕———トリュフチーズのスクランブルエッグ　アンディーブのせ　64
ベルギーフルロンドブルージュ〔○〕———ゴーヤとベーコンのチーズかき揚げ　66

■オーストラリア、ニュージーランド、その他のチーズで……
ジェンセンズレッド〔○〕———いわしのハーブチーズロールグリル　70
シャドーズオブブルー〔■〕———ブルーチーズのリゾット　72
チーズ王国オリジナルブリー〔▲〕———タスマニアンSUSHIロール　74
モッツァレラパール〔●☆〕———フルーツトマトとモッツァレラの冷製パスタ　76
ティルバトリロジー〔□〕———アスパラガスとチーズのパンキッシュ　78
ペルージャンフェタ〔●〕———フェタチーズとパプリカのカラフルマリネ　79
ピュアマリネイティドゴートチーズ〔△〕———フェタチーズとグリーンオリーブのサラダ　80
ワイルドワサビチーズ〔□〕———マグロとワサビチーズの礒巻き　82
ジンディシュプレム・トリプルクリーム〔▲〕———明太子とチーズの湯葉巻きスティック　83
マスカルポーネ〔●〕———タピオカマンゴークリーム　84
シープリコッタ〔●〕———抹茶ティラミス　86
ローリング40'sブルー〔■〕、ユーロングラベンダー〔△〕
　　　　　　　　———ブルーチーズとレーズンのサブレ／ラベンダーといちじくのサブレ　88
クリームチーズ〔●〕———オレンジベイクドチーズケーキ　90
ブレンドシュレッター〔□〕———新たまねぎのチーズハンバーグ　92

INDEX　94

●チーズの種類〔フレッシュ／白かび／青かび／ウォッシュ／シェーヴル＆ブルビ／ハード＆セミハード〕　4
●チーズの歴史　44
●チーズの栄養　68
●チーズの切り方／チーズの保存　93

★チーズの種類

[フレッシュタイプ　Fresh]
熟成させず新鮮なミルクの味わいが楽しめる

　ヨーグルト状のものから、ホイップ状、バター状、モッツァレラのようにモチモチとした食感のものまで、さまざまなタイプがあります。ミルクを固めて型に入れ、自然に水分を抜いただけで熟成させないため、ミルク本来の爽やかな味が楽しめます。

　お菓子の材料としても活躍しますが、ハーブやスパイス、ジャムなどと混ぜて、そのまま食べるのもおすすめ。野菜や果物との相性も良いので、サラダに加えてもいいでしょう。

＊代表的なチーズ⇒クリームチーズ、モッツァレラ、カッテージ、マスカルポーネ など

マスカルポーネ

[白かびタイプ　White]
白かびの働きで表面から熟成させる

　最も人気のあるチーズのひとつ、カマンベールは、この白かびタイプの代表格です。表面を覆う白かびによって、外側から中心に向かって熟成が進みます。

　ものによっては、熟成が進むにつれ、表面の白かびがオレンジ色を帯びてきます。風味は豊かになりますが、強い香りが苦手な人は、表面を取り除いてもいいでしょう。また、まだ新しいもの、逆に古くなりすぎて硬くなったものをより美味しく食べるためには、フライなど熱を加えて食べることをおすすめします。

＊代表的なチーズ⇒カマンベール、ブリー など

チーズ王国オリジナルブリー

［青かびタイプ　Blue］
内側の青かびがピリッとした独特の風味と香り

　一般に「ブルーチーズ」と呼ばれるもので、白かびタイプのものとは逆に、中にかびを発生させ、内側から熟成させます。約2000年も前からフランスではロックフォールが、9世紀にはイタリアでゴルゴンゾーラが作られており、長い歴史のあるチーズでもあります。

　刺激のある味と香りが特徴で、サラダに散らしたりディップなどに混ぜると、強く感じる塩気と旨味が調味料の役割を果たします。チーズの個性に負けない重厚な赤ワインや甘口のデザートワインのほか、日本酒との相性も良いチーズです。

＊代表的なチーズ⇒ロックフォール、ゴルゴンゾーラ、スティルトン など

ロックフォール

［シェーブル＆ブルビタイプ　Chèvre & Brebis］
山羊や羊のミルクから作られた風味豊かなチーズ

　シェーブルは山羊、ブルビは羊のミルクから作られたチーズの総称で、手の平にのる小型のものが主流です。フレッシュからハードまでさまざまなタイプがありますが、灰をまぶしたものはシェーブル独特のもの。山羊や羊は春先の出産シーズンのミルクが一番美味しく、チーズもこの時期が旬といわれます。

　新しいものは爽やかな酸味とクリーミーな食感が楽しめ、初めての人にも食べやすくおすすめです。野菜やジャムを添えて朝食やデザートに。酸味のあるドライなワインが合います。一方、熟成が進んだものは、硬くひきしまりコクがあります。クルミやレーズン、フルーティーな白ワイン、赤ワインとの相性が抜群。

＊代表的なチーズ⇒クロタン ドゥ シャヴィニョール、フェタ、ビオクレーメ など

クロタン ドゥ シャヴィニョール

［ウォッシュタイプ　Wash］
表面を洗いながら熟成度を調節。修道院で生まれたチーズ

　熟成の途中、表面をワインやブランデー、塩水などで洗い（ウォッシュ）ます。洗うことで中身の柔らかさを保ち、より深い味わいを浸透させながら熟成させるのです。

　表面はオレンジ色で強烈な香りがありますが、中身はしっとりとして、ソフトでコクがあります。アルコールの強い濃厚な赤ワインのほか、表面を洗うのに使われたのと同じ地酒と一緒に味わうのも楽しみ方のひとつ。非常に乾燥しやすいチーズなので、保存には湿度を十分与えるよう注意しましょう。

＊代表的なチーズ⇒タレッジョ、リヴァロ など

トラップデシュルニャック

［セミハード＆ハードタイプ　Semihard & Hard］
長期熟成でコクと旨味たっぷり。粉にすれば調味料としても…

　一般的に、何十キロもある大型で、ヨーロッパの山岳地帯を原産地とするものが多いのが特徴です。「山のチーズ」と呼ばれる通り、長期の保存ができるように、しっかり水分が抜いてあり、通常数ヶ月、長いもので2～3年の熟成期間を設けます。

　マイルドでクセがなく、そのままはもちろん、料理やお菓子の素材、調味料としても幅広く活躍します。軽めの白やロゼワインと相性の良いチーズです。

＊代表的なチーズ⇒グリュイエール、パルメザン、
　ゴーダ、エメンタール など

カーヴエイジドエメンタール

フランス
France

写真提供／フランス政府観光局

「一つの村に一つのフロマージュあり」といわれるほど、チーズの種類も数も豊富なフランス。その数、400種以上というバラエティ豊かなチーズは、豊かな大地、美しい水、澄んだ空気とが一体となって生み出されたものだといえるでしょう。チーズの種類同様、料理方法も多く、グラタンやサラダ、スープ、タルト、クレープなど、幅広い料理にチーズが日常的に使われ、ワインとの組み合わせも多彩です。

◆ロックフォール（ヴューベルジェAOC）Blue

羊乳製／羊飼いが洞窟に置き忘れたチーズに青かびが生えて偶然生まれたと伝えられ、今もフランス中央山塊の高原地帯、ロックフォール村の石灰岩の洞窟で熟成して作られています。しっとりとして旨味のある塩味が特徴で、「ブルーチーズの王様」の名にふさわしい食感。甘口の白ワインに合い、肉料理やパスタのソースとしてもおすすめ。

鶏のワイン蒸しブルーチーズ風味

あっさりとした鶏肉に、濃厚なブルーチーズが風味を添えます。チーズの旨味が煮汁にも溶け出し、食欲そそる一品です。

材料(4人分)

- ロックフォールヴューベルジェ　40g
- たまねぎ　50g
- セージ（ドライ）　小さじ1
- 生クリーム　大さじ1
- 鶏骨付上もも肉　4本
- バター　大さじ2
- 白ワイン　1/2カップ
- ブイヨン　3/4カップ
- さやいんげん　150g
- パプリカ（赤・黄）　各適宜
- 塩・こしょう　各少々

作り方

①チーズは粗みじんに切る。
②たまねぎはみじん切りにし、①とセージ、生クリームと混ぜ合わせる。
③鶏肉は裏から骨にそって深く切り込みを入れ、塩・こしょうをすり込み30分置く。
④③の鶏の皮と身の間に②を詰め（写真）、形をととのえる。
⑤鍋を温めバター大さじ1を溶かし、④を皮目のほうから焼く。裏返して白ワイン、ブイヨンを振りかけ、きっちりとフタをして20分位弱火で蒸し煮にする。
⑥さやいんげんは筋を取り、塩を入れた熱湯で柔らかく茹で、水に取って冷まし、水気を切る。
⑦パプリカは1cm幅に切る。
⑧フライパンを温めバター大さじ1を溶かし、⑥⑦を炒めて塩・こしょうする。
⑨皿に⑤の鶏肉を盛り、⑧を添えて、⑤の煮汁をかける。

◆ボングリヴォワ　Wash

牛乳製／フランス東部のジュラ地方で生まれた、別名「ジュラのルブローション（再び搾るという意味）」と呼ばれるソフトでマイルドなウォッシュチーズ。ウォッシュが控えめで外皮が薄いのが特徴で、香りも味も上品です。白ワインやロゼワインとよく合います。

豚肉と生ハムのチーズ焼き

美味しいチーズさえあれば、いつもの豚肉も、上等のごちそうに。豚肉とチーズ、そして生ハムを重ねて焼くことで、それぞれの旨味が溶け合い、ジューシーで香り高く仕上がります。

材料（4人分）

豚肩ロース（5mm厚さ薄切り）4枚
塩・黒こしょう　各少々
小麦粉　少々
バター　大さじ1
サラダ油　大さじ1強
シンケンスペック※（薄切り）4枚
　［または生ハム］
ボングリヴォワ　150g
ブイヨン　大さじ3
小ネギ　2本

作り方

①豚肉は筋を切り、肉たたきでたたいて、軽く塩・こしょうする。チーズはスライスする。

②①の豚肉に小麦粉を薄くつけ、サラダ油とバター各大さじ1を熱したフライパンに入れて、両面をこんがりと焼く。1枚ずつに生ハムとチーズを重ねる。

③耐熱器にサラダ油を薄く塗って②を並べ、周囲からブイヨンを注ぎ、200〜220℃に熱したオーブンでチーズが溶けて焼き色がつくくらいに焼く。仕上げに小ネギの小口切りを散らす。

※シンケンスペック
シンケンとは、お尻の腿肉の部分を指し、豚肉の中では一番美味しいといわれる部分。歯応えもしっかりとある、オーストリア産の生ハムです。

◆クロタン ドゥ シャヴィニョール　Chèvre

山羊乳製／フレッシュなうちはアイボリーがかったミルク色をしており、熟成が進むと全体がかびで覆われます。山羊乳独特の発酵臭が特徴的で、深いコクとさわやかな酸味が混交。状態の若いものは辛口の白ワイン、熟成したものは赤ワインとぴったりです。本場フランスでは、さっと焼いて野菜にのせ、サラダで食べるのが一般的。

温野菜のクロタン焼き

濃厚なミルクの味が楽しめる山羊のチーズ、クロタン。さっと焼くと山羊乳の強い臭いが和らぎ、食べやすくなります。野菜と一緒に、ちょっと洒落たおもてなし料理として、特別な日にどうぞ。

材料(4人分)

- 生しいたけ　4個
- エリンギ　50g
- ミニアスパラガス　8本
- A
  - バター　10g
  - 白ワイン　大さじ1
  - 塩・こしょう　各少々
- クロタン ドゥ シャヴィニョール　2個
- プチトマト　6個

作り方

① 生しいたけは石づきを取る。エリンギは縦にスライスする。
② 小鍋に①、ミニアスパラ、Aを加えてフタをし、さっと蒸し煮にする。
③ 半分に切ったチーズを、グリルでさっと焦げ目がつくまで焼く。
④ 皿に③のクロタンと②の野菜を盛り、1/4に切ったプチトマトと②の蒸し煮汁を周囲に飾る。

> **《Column》クロタンの名の由来とは？**
> クロタンはパリから150キロほど南のロワール河流域地方が原産で、中でもシャヴィニョール村のもの、つまりクロタン ドゥ シャヴィニョールが有名。その名の由来は、馬や羊の落とし物＝フンにあるといわれ、形がよく似ていることからつけられた遊び心いっぱいの名前なのです。

◆フルムダンベールAOC　Blue

牛乳製／クリーム状のひきしまった組織に、青かびが点在する円筒形のブルーチーズ。脂肪分が多くねっとりとしたベースに、青かびの辛味が加わり、マイルドで食べやすい。フルーティーな赤ワインとよく合います。

大根と小エビの炊込みご飯 とろーりブルーチーズのせ

あつあつの炊込みご飯の上にブルーチーズをのせて、とろりと溶けたところをよく混ぜていただきます。ご飯はあっさり味に炊いて、ブルーチーズの量で塩気とコクを調節しましょう。

材料(4人分)

大根　5cm
米　2カップ
小エビ　100g
塩　少々
A｜水　2カップ
　｜塩　小さじ1/2
　｜しょうゆ　大さじ1
フルムダンベール　100g
小ネギ　2本

作り方

① 大根は皮をむき、1cmの角切りにする。エビは殻をむき、塩を振る。
② 米は洗ってザルに上げ、水気を切る。
③ ①②Aを合わせて30分置いて炊く。
④ 器に③を盛り粗切りにしたチーズと小ネギをのせる。よく混ぜていただく。

◆コンテ　Hard

牛乳製／山のチーズの代表格。特に「アフィネAOC」と格付けされているものは、アミノ酸が表面にしっかり見えるほど熟しており、コクと果物のような甘い香りが漂い、そのままでも充分に旨味の深いチーズ。日本酒や赤ワインとよく合います。

チーズのこんがり焼きおにぎり

熱いご飯にチーズを混ぜた、チーズの風味たっぷりの洋風焼きおにぎりです。チーズのおこげができてから一度裏返し、こんがりと焼き上げるのがコツ。

材料（4人分）

コンテ　100g
白飯　400g
しょうゆ　少々
黒こしょう　少々
生ハム　8枚
　[またはプロシュート サンダニエレ※]
ピクルス　適宜

作り方

① チーズはおろしておく。
② あつあつの白飯に、①としょうゆ、黒こしょうを混ぜて味をととのえる。
③ ②を三角ににぎり、温めたフライパンで両面をこんがりと焼く。
④ ③に生ハムを巻き、ピクルスを添える。

※プロシュート サンダニエレ
　イタリア産の最高級熟成ハム。ほど良くしまり、熟成により生まれる赤身は最上の風味と肉の旨味が味わえます。

◆トラップデシュルニャック　Wash

牛乳製／修道院が生み出した、上品な旨味と香ばしい香りが堪能できるチーズ。くるみのリキュールで表面を洗って仕上げる、風味豊かな一品です。通常のウォッシュチーズと違い、皮ごと食べるのがおすすめ。ブランデーやコニャックなどの蒸留酒とよく合います。

クロワッサンカップサンド

チーズとくるみを合わせ、クロワッサンに挟むだけのサンド。特に味つけをしなくてもチーズの風味で特別な一品になります。

材料(4人分)

トラップデシュルニャック　100g
くるみ　20g
クロワッサン　4個
ハーブ　適宜

作り方

① チーズは好みで皮を取り除き、くるみとともに、粗みじんに切って混ぜる。
② クロワッサンの上部に切り込みを入れ、①を詰め、ハーブを飾る。

◆サンフェリシアン　Fresh

牛乳製／茶色の陶器に入ったサンフェリシアンは、スプーンですくって食べられるようになるまで、熟成するのを待ちましょう。クリーミーで柔らかな食感がたまりません。ひとまわり小さなサンマルセランも同じタイプのチーズ。ミディアムの赤ワインやシャンパンと合います。

フレッシュチーズのメイプルワッフル

コクのある口当たりのサンフェリシアンは、シンプルな食べ方が断然おすすめ！　甘いメイプルシロップと一緒に、温かいワッフルにのせて、とろりと馴染んだところを食べましょう。

材料(4人分)
ワッフル　小8枚
サンフェリシアン　1個
メイプルシロップ　大さじ6〜8

作り方
① 温めたワッフルを皿にのせる。
② チーズをのせ、メイプルシロップをかけていただく。

◆ボフォール エテAOC　Hard

牛乳製／夏のミルク限定で作る上質のボフォール。「エテ」はその中でも極上のチーズです。放牧でストレスのない牛が花を食べるせいか、ほのかに甘い香りもします。軽めの白・赤ワインのほか、くるみや果物と一緒に楽しんでみましょう。

ハーブサラダピザ

生のハーブや野菜をピザ生地にのせた、さっぱりとしたピザです。薄く削ったチーズが、味の決め手です。

材料(4人分)

ボフォール エテ　100g
ハーブミックス　100g
トマト　小1個
ピザクラフト　大1枚
粒マスタード　大さじ1
マヨネーズ　大さじ2〜3

作り方

①チーズは薄く削る。
②ピザクラフトに粒マスタードを塗り、①の半分の量のチーズを振りかけて200℃のオーブンでこんがりと焼く。
③トマトは角切りにする。
④②の上に③、ハーブミックス、①の残りのチーズをのせて、上からマヨネーズを細く搾り出す。

《Column》チーズの名称にある「AOC」って？
　チーズの中には名前にAOCとついているものがあります。これはフランスで導入されている「原産地統制名称制度」のこと。伝統製法を守るために、原料の産地や製造・熟成方法などが法律によって規定されており、それをクリアしたチーズだけにAOCの称号が与えられるのです。ちなみに同様の法律はイタリアにもあり、「DOP」というマークが付けられています。

◆ヴァルフレ（アイユ＆エルブ／レフォール）　Fresh

牛乳製／ふわっとした食感のフレッシュクリームに、品良くニンニクとハーブが入った「アイユ＆エルブ」と、西洋わさび（ホースラディッシュ）入りでほど良い辛さがやみつきになる「レフォール」の2種類があります。気軽にクラッカーやパン、野菜につけて食べられ、白ワインやビール、シャンパンと、幅広いお酒に合います。

ピーマンのチーズファルシー

ピーマンに、フレッシュなクリームチーズを詰めてスライスします。簡単なのに、色もキレイで目にも鮮やか。チーズの甘味とピーマンのビターな香りが、絶妙のコンビネーションです。

材料(4人分)

- ピーマン　2個
- ヴァルフレ　アイユ＆エルブ　100g
- 赤ピーマン　2個
- ヴァルフレ　レフォール　100g
- マヨネーズ　各大さじ1〜2

作り方

① ピーマンはヘタを取り種を取り出し、サッと茹でる。
② チーズはそれぞれマヨネーズと混ぜる。
③ ピーマンの水気を切り、②をすき間なく詰め込み（写真）、冷蔵庫で1時間冷やし固める。
④ 食べやすい大きさにスライスし、器に盛る。

◆ロッシュバロン　Blue

牛乳製／白かびチーズの中に青かびチーズ、さらに灰熟成により仕上げるマイルドでミルキーな食感のチーズです。比較的くせがないので、ブルーチーズは初めてという人にもおすすめ。デザートワインや軽い赤ワインと相性抜群。

きゅうりボート

きゅうりのボートに乗るのは、ハムやくるみを混ぜ込んだ、マイルドなブルーチーズ。ワインやブランデー、ウイスキーのお供にいかがでしょう？

材料(4人分)

きゅうり　2本
ロッシュバロン　50g
生クリーム　大さじ1
　　［または牛乳］
ハム(みじん切り)　1枚分
くるみ(みじん切り)　2～3個分
塩・こしょう　各少々
ハーブ　適宜

作り方

① きゅうりはフォークで皮に筋目を入れてから軽く塩ずりし、縦4等分に切り、長さを半分にする。スプーン（または包丁）で身を少しくりぬき（写真）、ペーパータオルにのせて余分な水分を取る。
② チーズをフォークで潰してクリーム状にしてから、生クリーム（または牛乳）を加える。
③ ②にハム、くるみを混ぜ合わせ、塩・こしょうをしてからきゅうりのくりぬいた部分にのせ、ハーブを飾る。

◆フロマジェダフィノワ　White

牛乳製／ダフィノア社自慢の濃厚なコクと、ミルキーな風味がたっぷり。熟成が進むにつれ、爽やかな酸味から濃厚な味わいになり、それぞれの過程で異なる味が楽しめます。赤ワインやシャンパンとぴったり。プレーンのほか、アーユ（にんにく味）とポワブル（5種のペッパー入り）もあります。

生ハムとチーズのコルネ

放射状にしたチーズに、生ハムや大葉をくるくる巻いて。片手でも食べやすく、見た目も楽しいので、前菜として、お酒のおつまみとして活躍します。濃厚な味わいのチーズは、生ハムの旨味とベストマッチ。

材料（4人分）

フロマジェダフィノワ　1/10個（160g）
生ハム　5枚
　［またはプロシュート サンダニエレ※　3〜4枚］
大葉　8枚
餃子の皮　5枚
黒オリーブ　4個
赤ピーマン　適宜
揚げ油　適宜

※プロシュート サンダニエレ（P15参照）

作り方

① 餃子の皮は放射状に8枚に切る。揚げ油を温め、低めの温度（160℃位）できつね色になるまで揚げる。
② 生ハムは1枚を2〜3枚に切る。大葉は洗って水気をふき、1枚を縦に2枚に切る。
③ チーズは1.5cm幅の放射状に、黒オリーブは薄い輪切りにする。
④ 大葉の表側を上にして生ハムと重ね、チーズをのせてくるっと巻き付ける（写真）。
⑤ ④を皿に並べ、生ハムの合わせ目に黒オリーブや赤ピーマンをのせ、皿の中央には①の餃子の皮を盛り添える。食べるときに餃子の皮にコルネをのせてもよい。

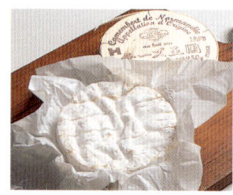

◆カマンベール　White

牛乳製／フランス・ノルマンディー地方が原産。外側は白かびに覆われ、中身は良質の牛乳の風味を生かしたまろやかな香りが楽しめます。熟成とともにとろりとした柔らかい組織に。クセが少なく、幅広い料理や飲み物に合いますが、中でも軽めの赤ワインやシードル、りんごやくるみとの相性は抜群です。

カマンベールのフライ

お馴染みのカマンベールに衣をつけて、油でこんがり揚げるだけ。シンプルな料理ですが、衣の中にチーズの旨味が閉じ込められて、美味しさが増します。あつあつのうちに食べましょう。

材料（4人分）

カマンベール　250g
小麦粉　大さじ3
溶き卵　1個分
パン粉　1/2カップ
揚げ油　適宜
バジル　適宜

作り方

① チーズは放射線状に切る。
② ①に小麦粉を薄くつけ、卵をつけて、さらにパン粉をしっかりつけて揚げ油でこんがりと揚げる。
③ 揚げたバジルを添える。

◆カマンベール ドゥ ノルマンディAOC　White

牛乳製／カマンベール誕生の地、フランス・ノルマンディー地方で伝統を守って手作業で作られています。香りやコク、塩味が強く個性的。原料乳、製法、形などが細かく規定された「AOC」(P18参照)にも選ばれている伝統チーズのひとつです。カルバドスやシードル、赤ワインと合います。

カマンベール ドゥ ノルマンディの アーモンドグリル

ノルマンディー産の元祖カマンベールを美味しくいただくには、あれこれ手をかけ過ぎないのがポイント。大胆にカットしてオーブンで焼くと、より一層、豊かなコクと香りが広がります。

材料（4人分）

カマンベール ドゥ ノルマンディ　1個
食パン（1cm厚さ）　2枚
はちみつ　大さじ1
カルバドス　小さじ1/2
スライスアーモンド　20g

作り方

① チーズは厚みを半分にする。食パンはカマンベールの直径に抜き、軽くトースターで焼く。
② パン1枚ずつの上にチーズの切り口を上にしてのせ、はちみつとカルバドスをかけ、スライスアーモンドをのせる。
③ 天板にのせ、180℃に熱したオーブンの中段に入れ、薄い焦げ目がつくまで約10分焼く。

◆カベクーフィーユ　Chèvre

山羊乳製／ひと口サイズで可愛らしく、酸味と甘味が楽しめるカベクーを、プラムブランデーにくぐらせた栗の葉で巻いた、香り爽やかなチーズです。フレッシュなうちは酸味があり、熟成するに従ってコクが出てきます。辛口の白ワインとよく合います。

プラムチーズ

ドライプラムにブランデー風味のチーズを詰めた、贅沢な一品。大人好みの上品な甘さは、クセになりそうな美味しさです。

材料（9個分）

ドライプラム（種なし）9個
ブランデー　大さじ1
A｜カベクーフィーユ　60g
　｜生クリーム　大さじ1
金粉　適宜

作り方

①プラムはブランデーにつけて柔らかくする。
②Aをよく混ぜて①に詰める。
③上に金粉を飾る。

◆ミモレット ヴィエイユ　Hard

牛乳製／熟成期間が長く、オレンジ色でひきしまり、歯ごたえがあります。「西洋のカラスミ」と称され、後口に軽い苦味が残り、熟成すればするほど旨味が増します。軽めの白ワインや辛口のロゼワイン、ビールや日本酒にも合います。

チーズ・クリスピー・トルティーヤ

とうもろこしの粉で作ったメキシコのトルティーヤに、おろしたミモレットをのせて焼き上げましょう。香ばしさで、ビールが進むスナックです。

材料（4人分）

ミモレット ヴィエイユ　100g
チリソース　大さじ4〜6
トルティーヤ　4枚

作り方

① チーズはおろしておく。
② トルティーヤにチリソースをまんべんなく塗り、6〜8等分に切る。①のチーズをのせる。
③ 200℃のオーブンまたはトースターでこんがりと焼く。

◆キャトルフィーユ　Chèvre

山羊乳製／四つ葉の形をした珍しいチーズで、白かびで覆われています。優しくクリーミーできめ細かな食感は、クセがなく、なすやじゃがいものグラタンなどにもぴったり。真っ白い肌が透明に透けるようになってくると、食べ頃です。ミディアムの赤ワインやフルーツワインも合います。

チーズのクラコット パイナップルのフランベのせ

サクサクとした軽い食感のクラコットに、クリーミーなチーズと強火でさっと焼いたパイナップルをのせます。よく冷やした辛口の白ワインを片手に召し上がれ。

材料(4人分)

- キャトルフィーユ　100g
- パイナップル　4切
- きび砂糖　大さじ1
- 無塩バター　大さじ1
- ラム酒　大さじ2
- クラコット　4枚
- ハーブ　適宜

作り方

① チーズは食べやすい大きさにスライスする。
② フライパンにきび砂糖、無塩バターを入れて溶かし、パイナップルを両面さっと焼き、ラム酒を加えてフランベ（※）する。
③ クラコットにチーズをのせ、熱々の②をのせる。ハーブを飾る。

※フランベ　火をつけてアルコール分を飛ばし、香りを高めること。

イタリア

写真提供／イタリア政府観光局（E.N.I.T.）

パスタやピザをはじめ、イタリア料理とチーズは切っても切れない関係。イタリア料理の人気とともに知られるようになったチーズも多く、イタリアを代表するチーズ、パルミジャーノレッジャーノやモッツァレラなどは、世界でも最も広く知られているチーズといえるでしょう。チーズ作りにおいては伝統を重んじ、親から子へ、子から孫へと、世代を超えて伝統の技が守り伝えられています。

◆グラッタマンジャ バンビジャーノ　Hard（左）

牛乳製／「パルメザンの子ども」と名付けられた1玉約2キロの小型のハードチーズ。半分に割り、中身をくりぬくと、洒落たチーズの器が作れます。バルサミコやビンコットをかけても美味しく食べられます。

◆キコランギ　Blue（右）

牛乳製／コンテストで金賞を受賞した、原住民マオリ族の言葉で「青い空」と名付けられた濃厚な風味のニュージーランド産のブルーチーズです。深い青かびの色と、食べ頃の期間が長いのが特徴で、赤ワインや甘口の白ワインに合います。

2種チーズのペンネ

なめらかな口当たりが魅力のチーズのペンネは、2種類のチーズで作ります。チーズの組み合わせで味とコクが深まるので、いろいろなチーズでお試しください。なるべくソースを煮立てないように注意しましょう。

材料（4人分）	作り方
A　グラッタマンジャ バンビジャーノ　60g 　　キコランギ　50g ペンネ　200g 塩　少々 バター　20g 生クリーム　300cc ハーブ　適宜	①チーズはおろすか、細かく刻む。 ②ペンネは塩を入れた熱湯で茹でる。 ③ペンネがそろそろ茹で上がる頃に鍋にバターを溶かし、生クリームを入れ、チーズを加えて溶かし、弱火でよく混ぜる。 ④ペンネをザルに上げて水気をよく切り、③に入れて和える。皿に盛り、ハーブを飾る。

◆スカモルツァビアンカ　Stretch

牛乳製／モッツァレラチーズと同じ製法で作り、最後に手で桃や豚の形を形作ります。熟成4週間位の間は、かまぼこのような食感が楽しめ、わさび醤油ともよく合います。チーズステーキにしてビールと味わうのがおすすめ！

チーズと長いものステーキ 山椒風味

フライパンで焼くだけのシンプルなお料理も、スカモルツァビアンカなら、もっちりとした食感で食べ応え十分。チーズは室温に戻してから焼きましょう。

材料（4人分）

スカモルツァビアンカ　400g
長いも　150g
酢　適宜
ししとう　12本
酒　大さじ2
しょうゆ　大さじ2
粉山椒　少々

作り方

① チーズは厚めに切る。
② 長いもは皮をむいて輪切りにし、酢水にさらす。
③ 天板を温め、チーズと水気を切った長いも、ししとうを強火で両面焼き、酒、しょうゆ、粉山椒を振りかける。

◆ビオクレーメ　Brebis

羊乳製／イタリアのサルデニャ島で生まれたオーガニックのチーズ。ペースト状になった羊乳チーズは、パンや温野菜にもつけやすく便利。コクと甘さが後をひき、白ワインはもちろん紅茶やハーブティーともよく合います。

チーズタラモサラダ

タラモサラダにペースト状のチーズを加えると、味と香りが一段とアップするだけでなく、舌触りもなめらかになります。バゲットにのせて食べましょう。

材料（4人分）

じゃがいも　2個
ビオクレーメ　100g
明太子　1/2腹
マヨネーズ　大さじ1
牛乳　大さじ1
塩・こしょう　各少々
ハーブ　適宜
バゲット　適宜

作り方

① じゃがいもは皮をむき、茹でてマッシャーで潰す。
② ①にチーズとほぐした明太子、マヨネーズ、牛乳を入れて混ぜ合わせ、塩・こしょうで味をととのえる。
③ ②にハーブと薄く切ったバゲットを添える。

Italy

◆スカモルツァフミガータ　Stretch

牛乳製／P34のスカモルツァビアンカと同じ製法で作り、最後にスモークして仕上げます。熟成4週間以内は、イカの燻製のような歯ごたえが楽しめ、日本酒やビールとの相性も良いチーズです。

きのことスモークチーズの和風マリネ

味も香りもあっさりとしたスモークチーズは、しょうゆや酢との相性もバッチリです。きのこはさっと火を通して歯ごたえを残すと、弾力のあるチーズと馴染みます。

材料（4人分）

きのこ（しめじ、しいたけなど）300g
酒　大さじ2
スカモルツァフミガータ　150g
A｜しょうゆ　大さじ1
　｜米酢　大さじ1
　｜ごま油　小さじ1
　｜サラダ油　大さじ2
塩・こしょう　各少々
小ネギ　2本

作り方

① きのこは食べやすい大きさに切り、塩・こしょうをして酒を振りかけ、小鍋にフタをして蒸し煮にする。
② チーズはさいのめに切り、冷ました①とAを混ぜ合わせたしょうゆドレッシングと和えて、小ネギの小口切りを散らす。

37

Italy

◆タレッジオDOP　Wash

牛乳製／天然の洞窟熟成で仕上げる、イタリアを代表するチーズのひとつ。濡れたような外皮をもち、中身のまろやかな味は料理を引き立てます。最良の熟成を経た組織は、ネットリとしているのが特徴。赤ワインとぴったりです。

バウル カルツォーネ風

バウルとは、ホットサンドのこと。パンの中にチーズやドライトマトの旨味を閉じ込めて、こんがりと焼きましょう。トロリと溶け出すチーズがたまりません。

材料(4人分)

タレッジオ　100g
ドライトマトオリーブオイル漬　大さじ2
サンドイッチ用パン　8枚
バター　大さじ2
バジル　適宜

作り方

① チーズはスライスする。
② ドライトマトはみじん切りにする。
③ パンにバターを塗り①②とバジルをのせてはさみ、包丁でパンの周囲を押さえる（写真）。
④ テフロンのフライパンを弱火で熱し③の両面をこんがりと焼くか、バウル（ホットサンド器）にバターを温めて焼く。

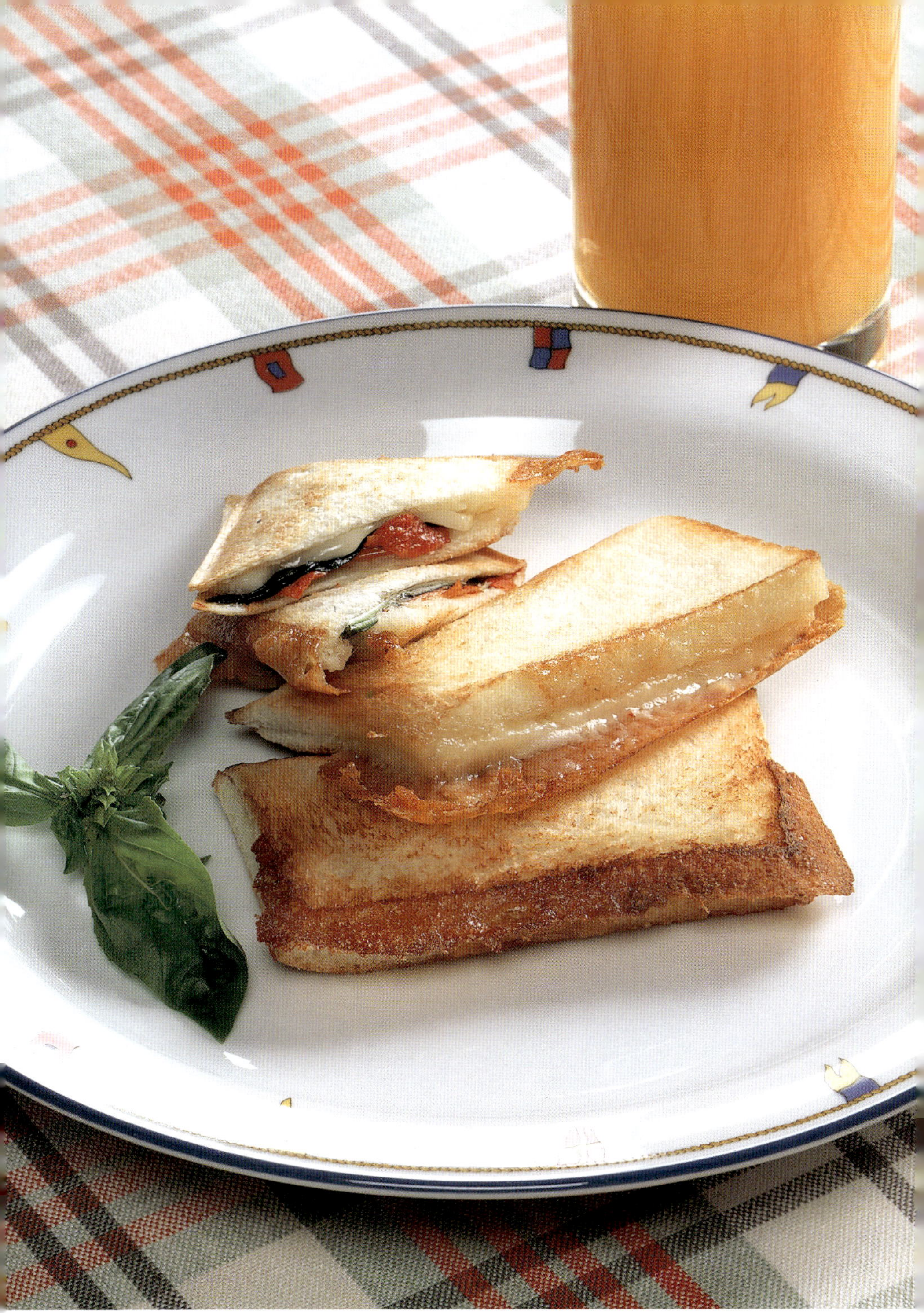

Italy

◆ **トーマヴァルセジアーナ　Semihard**

牛乳製／天然の洞窟熟成が生み出す繊細でまろやかな香りと、ミルクの旨味のハーモニーが最大の特徴です。自然に生えたかびや外皮を取り除き、中身のモチッとした食感を楽しみましょう。軽めの白、ロゼワイン、スプマンテなどと合います。

いちじくとチーズの
パウンドケーキ

甘さひかえめのパウンドケーキは、上品な甘さのいちじくのグラッセがアクセントに。チーズを加えることで味が深みを増します。

材料（4人分）

トーマヴァルセジアーナ　70g
無塩バター　80g
グラニュー糖　60g
卵　2個
A｜アーモンドパウダー　40g
　｜小麦粉　80g
　｜ベーキングパウダー　小さじ1
グラッセフィグ（※）　100g

作り方

① チーズはおろしておく。
② 柔らかく練ったバターにグラニュー糖を加えてすり混ぜ、溶き卵を少しずつ加えてさらによく混ぜる。
③ ②におろしたチーズのうちの50gを加え混ぜ、ふるったAと刻んだグラッセフィグも加えてさっくりと混ぜる。型に流し入れて残りのチーズを振りかけ、180℃のオーブンで約35分焼き上げる。

※グラッセフィグ
いちじくをマロングラッセ風に仕上げたもの。上品な甘さで、紅茶やチーズにもよく合います。手に入らない場合は、プルーン、レーズンなどで代用しましょう。

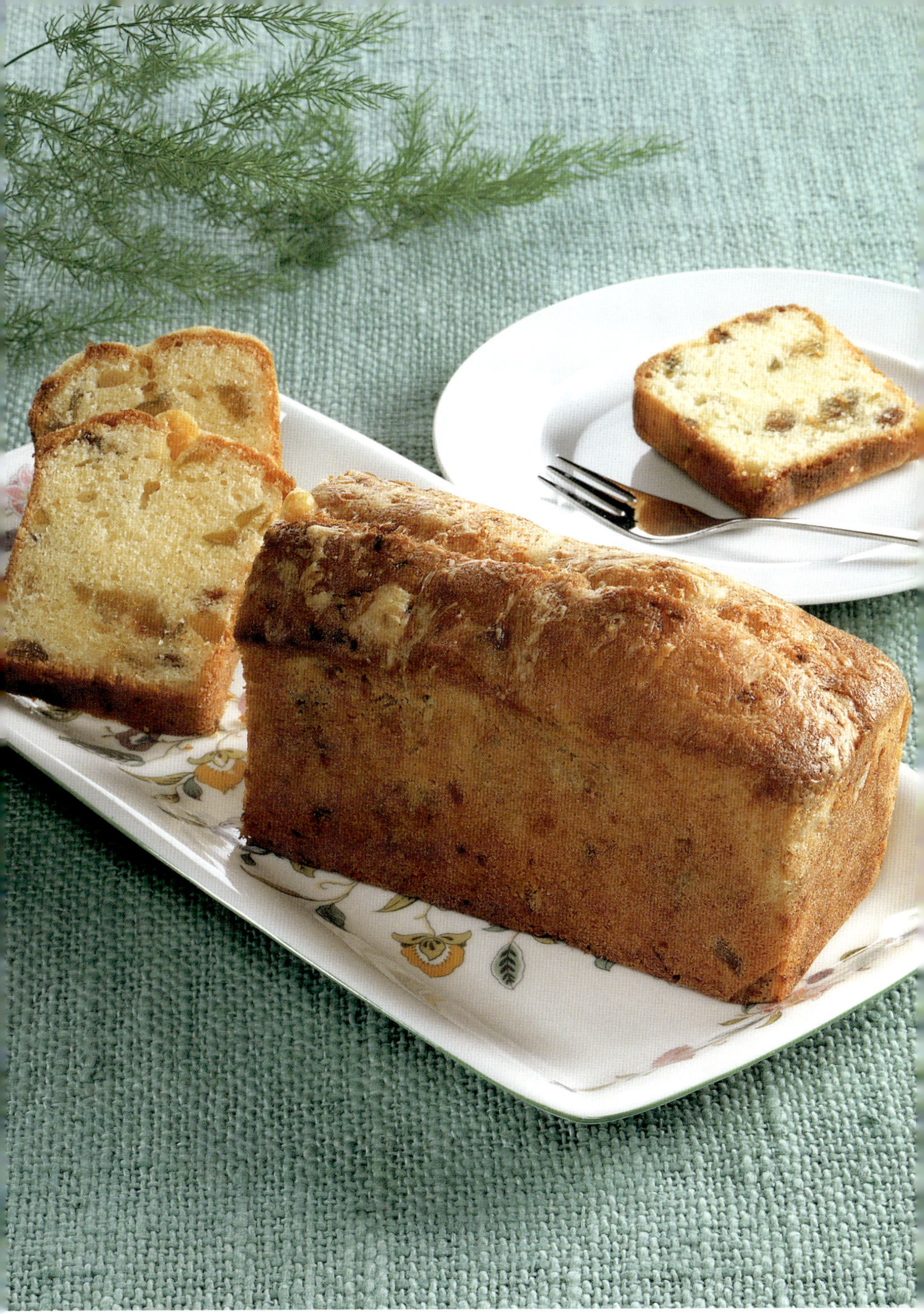

Italy

◆フィオレンツァ　Fresh

牛乳製／生乳、クリーム、食塩だけで作るシンプルなフレッシュチーズ。ねっとりとした食感と、口に残るミルクの甘みが魅力です。賞味期限ギリギリまで待つと、ババロアのようにネットリとした食感になり、はちみつやフルーツソースをかけるだけでレアチーズケーキのようなデザートに。デザートワインのほか、紅茶やコーヒーも合います。

フレッシュチーズのムース プラリネ添え

コクのあるフレッシュチーズのムースに、甘味と苦味がミックスされたグラニュー糖とアーモンドで作るプラリネを添えて。プラリネを作るときは、焦がし過ぎないように、手早く作業するのがポイントです。

材料(4人分)

フィオレンツァ　150g
グラニュー糖　30g
生クリーム　1/2カップ
ラム酒　大さじ1
A｜グラニュー糖　30g
　｜スライスアーモンド　15g

作り方

① チーズはグラニュー糖を加えて混ぜる。
② 生クリームは6分立てにして①に加える。ラム酒も加え、冷やし固める。
③ Aの材料でプラリネを作る。スライスアーモンドは熱したフライパンで乾煎りするか、オーブンやトースターでローストする。グラニュー糖を鍋に入れて焦がしアーモンドを入れて混ぜ（写真）、オーブンシートに広げて冷ます。
④ 細かく砕いた③を②に混ぜ、器に盛る。大きく砕いた③を上に飾る。

43

★チーズの歴史

　チーズが誕生した時期についてはっきりとした記録はありません。ただし、チーズに近い形のものは、古代遺跡の発掘品などから、紀元前4000年頃、今から約6000年も前から作られていたと考えられています。

●中央〜西アジアで偶然に生まれた産物

　チーズ発祥の地は、中央アジアから西アジアという説が有力。アラビアの商人が、羊のミルクを羊の胃袋で作った皮の水筒に入れて炎天下の砂漠をラクダで旅していたところ、偶然、ミルクがチーズに変わっていたといわれます。

　また、モンゴルなどの遊牧民族は、昔から、牛や羊、山羊、ラクダなどを遊牧しながら移動していました。それらのミルクは、貴重な栄養源として生活に取り入れられると同時に、腐敗しやすいミルクを保存食として利用するための加工方法が試行され、チーズやバターが作られるようになったと考えられています。

　アジアで生まれたチーズは、やがてギリシャへ、そしてヨーロッパ諸国へと伝わり、それぞれの土地で、原料乳や製法に工夫をこらした様々なチーズが生み出されていったのです。

●歴史の浅い日本のチーズ史

　日本でチーズが本格的に作られるようになったのは、明治時代のこと。北海道の官営や民営施設で始まり、昭和に入ってから、工場生産が開始されました。

　それよりもはるか昔、飛鳥時代には、チーズの原形といえる「蘇」という乳製品が作られ、不老長寿の薬として朝廷に献上されていたり、江戸時代には徳川吉宗によって酪農が始められ、「酪」という乳製品が食べられていたともいわれます。しかし、一般的には、「牛の乳を飲むと牛になる」といった迷信が根強く残っていたため、乳製品がなかなか普及しなかったようです。

　昭和30年代後半には学校給食にプロセスチーズが取り入れられるようになり、東京オリンピックや万博を機に、ヨーロッパのナチュラルチーズも日本に広く知られるようになりました。そして現在、フランス料理やイタリア料理の人気の高まり、保存や輸送技術の発達とともに、日本のチーズ消費は増え続けています。

イギリス・アイルランド

England

Ireland

写真提供／英国政府観光庁

畜産に最適な気候と国土を背景に、豊富な牧草地帯を有するイギリスでは、上質な硬質チーズが数多く作られています。サマーセット地方のチェダー村でチーズの特殊製造方法が生み出され、イギリスから他国に移住した人々が、世界各地でその製法を広めたという歴史あるチーズの国です。
一方、お隣りのアイルランドでは、今も多くのチーズが手づくりで丁寧に作られています。後味にミルクの甘さが感じられる、素朴なチーズが多いのが特徴です。

England

◆リブルスデイルゴート　Semihard

山羊乳製／山羊乳で作られた珍しいゴーダタイプで、ワックスに覆われ、中は真っ白でキメが細かく弾力があります。食感はきめ細かくまろやかで、ほのかな酸味とミルキーな甘味の後味。ビールや紅茶にもよく合います。

イングランド・ドライカレー

濃厚な山羊のチーズをのせるだけで、カレーの辛さがマイルドになり、コクと深みが加わります。カレーの熱でチーズがとろりと溶けたところが食べ頃です。

材料(4人分)

牛挽き肉　300g
たまねぎ　200g
にんじん　60g
セロリ　60g
にんにく（みじん切り）1片分
バター　30g
カレーパウダー　大さじ2
ガラムマサラ　小さじ2
カットトマト缶　400g
塩　小さじ2/3
リーペンソース　大さじ2
　［またはウスターソース］
ヨーグルト　1/2カップ
リブルスデイルゴート　150g
バターライス　適量
パセリ（みじん切り）少々

作り方

① たまねぎ、にんじん、セロリは粗みじんに切る。
② 鍋にバターを溶かし、にんにくを炒めて香りを出し、挽き肉を炒め、さらに①を加えてよく炒め、カレーパウダー、ガラムマサラを加える。
③ ②にトマト缶、塩、リーペンソースを加えて約15分煮て、ヨーグルトを加えて味を馴染ませる。
④ 器にバターライスを盛り、③をかけて角切りにしたチーズをのせてパセリを振る。

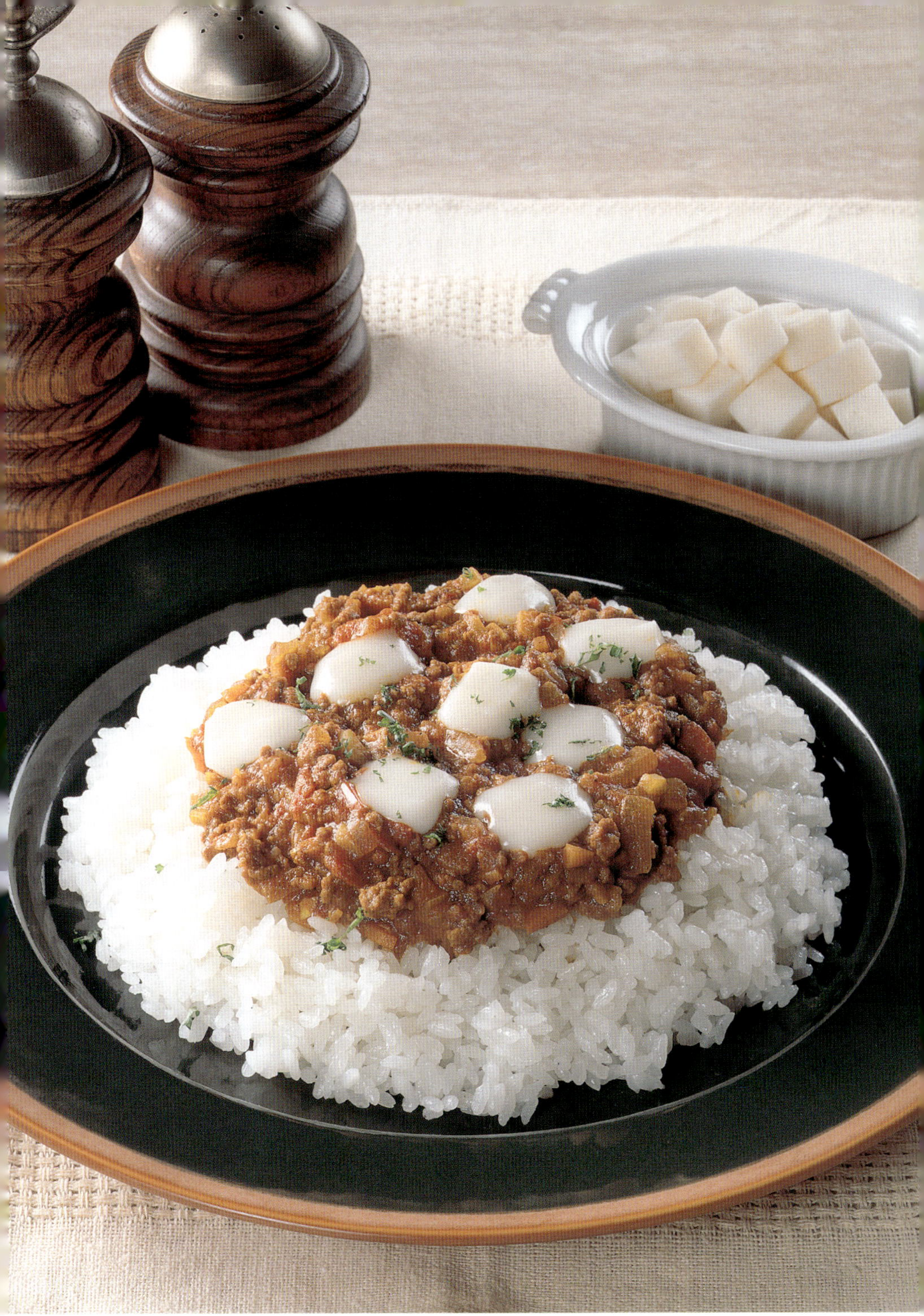

◆**ホイール ハーブ＆ガーリック　Semihard**

牛乳製／ハーブとガーリックが混ぜてあり、渦巻き状にクリームチーズが入っているチーズ。ねっとりとした食感がたまりません。カットしてもいいですが、ヘラなどですくって、カナッペ風にも楽しめます。白ワインやビールがおすすめ。

チーズチキンハーブリエット

淡泊な鶏肉にハーブ入りのチーズがコクと風味を添える、ちょっとお洒落な一品。薄いクラッカーにつけて食べましょう。

材料(4人分)

鶏胸肉（皮なし）200g
A｜塩・こしょう　各少々
　｜白ワイン　大さじ2
　｜ハーブ　適宜
ホイール ハーブ＆ガーリック　100g
小ネギ　2本
生クリーム　大さじ3
ハーブ　適宜
クリスプブレッド プロヴァンサル　適量
　［またはクラッカー］
ピンクペッパー　適宜

作り方

① 鶏肉はAを振りかけてしばらく置き、ラップをして電子レンジで約6分加熱する。冷まして細かくほぐすか、フードプロセッサーにかける（写真a）。
② ①にチーズ、小ネギのみじん切り、生クリームも入れて、さらにフードプロセッサーにかける。
③ スプーンで形取り皿に盛り（写真b）、ハーブを添えて、クリスプブレッドとピンクペッパーを飾る。

49

🇬🇧 *England*

◆**アップルドール　Semihard**

牛乳製／シナモンをまぶし中にはリンゴの果肉が入った、紅茶とよく合う一品。温めて食べると、まるでアップルパイのような風味が楽しめます。イギリス・ロンドンでも大人気のお洒落なデザートチーズです。

アップルチーズ シュトローデル

リンゴの果肉がたっぷりのチーズは、春巻きの皮でワインで煮たリンゴと一緒に巻いて、こんがりと焼き上げます。甘いリンゴとレーズンに、チーズのコクと塩気がよく合います。

材料（4人分）

アップルドール　100g
リンゴ　1個
レーズン　大さじ2
A｜グラニュー糖　50g
　｜白ワイン　大さじ3
春巻きの皮　2枚
溶かしバター　少々
グラニュー糖　適量

作り方

① チーズはスライスしておく。
② リンゴは8〜10等分して皮と種を取り、レーズンと一緒にAで柔らかくなるまで煮る。
③ 春巻きの皮を2枚ずらして置き、溶かしバターを塗って①②を置きながら巻く。表面にも溶かしバターを塗り、グラニュー糖をかける。
④ 180℃のオーブンの上段で約15分こんがりと焼く。

◆**ホワイトスティルトンレモン　Semihard**

牛乳製／ポロッとした組織のホワイトスティルトンにレモンピールがぎっしり入った大人のデザートチーズは、イギリスでは朝食やブランチに欠かせません。スコーンの生地に練り合わせて使用することも多いといいます。紅茶と一緒にどうぞ。

洋梨とレモンチーズのオープンパイ

レモン風味が魅力のチーズは、調理せずにそのまま食べるのが一番。洋梨と一緒にリーフパイにのせて、紅茶やワインのお供にどうぞ。

材料（4人分）

洋梨（缶詰）2切
リーフパイ　4枚
ホワイトスティルトンレモン　150g
ハーブ　適宜

作り方

①洋梨は食べやすい大きさに切る。
②リーフパイに、①とほぐしたチーズをのせる。
③ハーブを飾る。

Ireland

◆クロジエブルー　Blue

羊乳製／良質の羊のミルクを使った、まろやかでねばりのある、貴重なアイルランドのブルーチーズです。同じ羊のミルクから作るブルーチーズでも、ロックフォールとは全く違う食感。甘口の白ワイン、重めの赤ワインに合います。

ブルーチーズのスフレオムレツ

ブルーチーズは卵料理にコクと甘味を引き出します。卵白をよく泡立て、さっくり混ぜて作るふわふわのオムレツは、口当たりも軽やか。手早く作って沈まないうちに食べるのが、美味しさのポイントです。

材料（1人分）

卵　2個
クロジエブルー　大さじ3
塩・こしょう　各少々
バター　大さじ1/2
セルフィーユ　適宜

作り方

① 卵は卵黄と卵白に分ける。
② チーズは粗切りにする。
③ ボウルに卵黄と塩・こしょう、②を入れてよく混ぜる。
④ オムレツを作る直前に卵白をよく泡立てて、角が立つくらいのメレンゲにする。
⑤ ③に④を3回に分けて混ぜる（写真）。最初の1回はよく混ぜ、後の2回はふんわり混ぜ込む。
⑥ フライパンにバターを溶かし、⑤を流し、こんがり片面が焼けたら返して両面をこんがりと焼く（オーブンで焼いてもOK）。皿に盛り、セルフィーユを飾る。

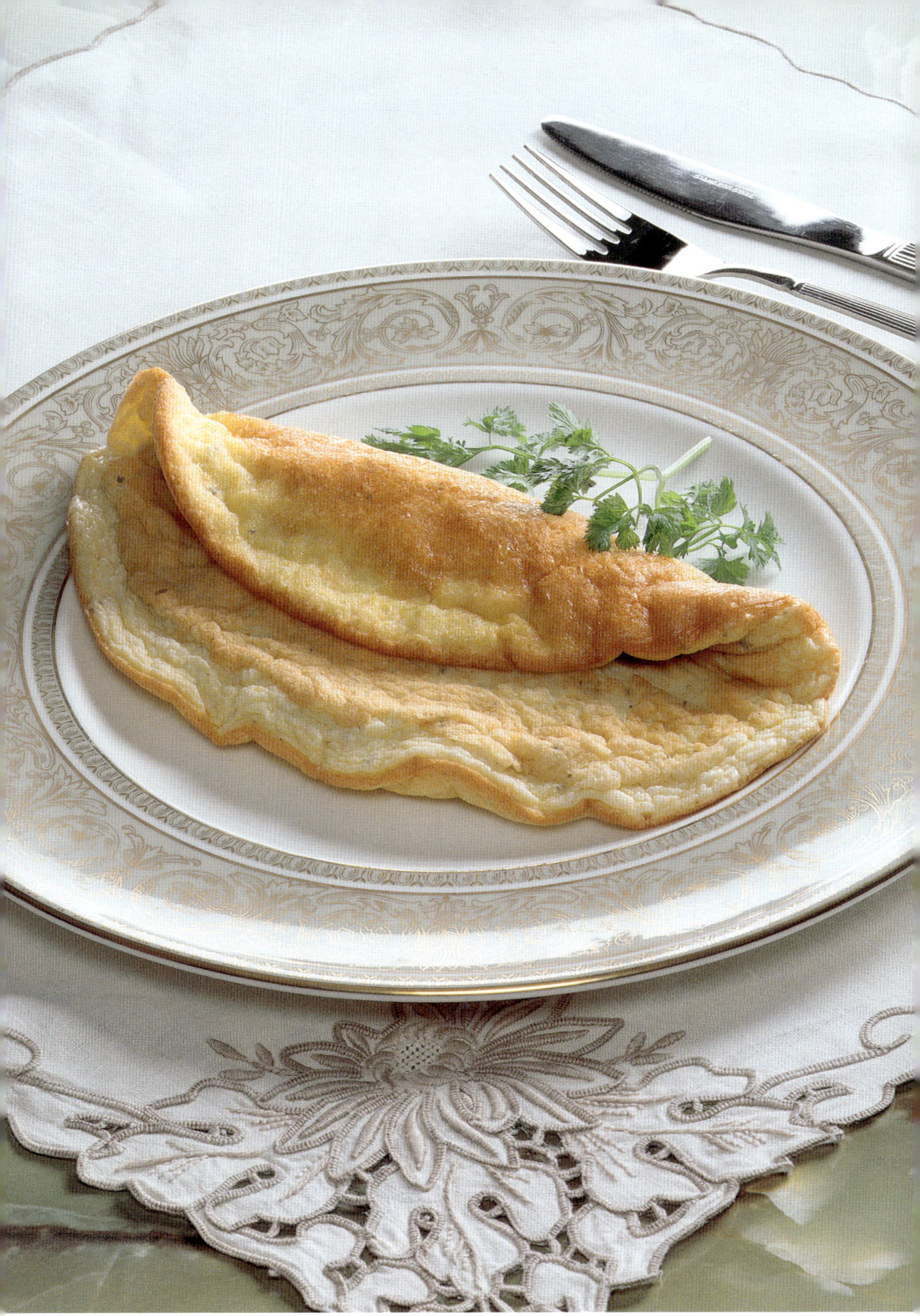

Ireland

◆アルドラハンファームハウスチーズ　Wash
牛乳製／外側は塩水で磨いてあり、ヘーゼルナッツのような香ばしい風味。中身はもちっとした食感でコクがあり、香りは強く、風味豊か。赤ワインやビールに合います。

スナップえんどうとウォッシュチーズのガーリックソテー

さやごと食べられるスナップえんどうを、チーズと一緒ににんにくで炒めます。にんにくは弱火で香りを出してから、えんどうとチーズを入れて炒めましょう。

材料（4人分）

スナップえんどう　200g
アルドラハンファームハウスチーズ　100g
にんにく（みじん切り）1片分
塩・こしょう　各少々
バター　10g

作り方

① えんどうはすじを取り除き、塩茹でしておく。
② チーズは粗切りにする。
③ フライパンにバターを溶かし、にんにくを入れて弱火にかけ、①②を加えて火を強め（写真）、炒めて塩・こしょうで味をととのえる。

オーストリア・スイス・オランダ・ベルギー

Austria　Switzerland　Holland　Belgium

Photo：Swiss-image.ch

オーストリアのチーズ作りは、スイスを手本に始まったといわれています。その証拠に現在、国内生産量の約半分を占めるのは、スイスのチーズ、エメンタールです。

そのスイスではエメンタールはもちろん、100キロを超えるような大型の超硬質タイプのチーズが主に作られています。チーズ作りに対するこだわりも格別で、チーズに添加物を加えることが法律で禁じられているほど。チーズの質の向上と安定供給は、スイスのチーズ作りにおけるモットーです。

またオランダは、17世紀に日本にチーズを伝えた国です。外側にワックスを使って色分けした、硬質タイプのチーズが多いのが特徴。スパイスや木の実を上手に使うことで、チーズに風味とアクセントをつけています。

Austria

◆ケーゼミューゼ　Fresh

牛乳製／音楽の都・ウィーンで生まれたアイデアチーズ。野菜（トマト、オリーブ、青唐辛子、ピクルスなど）をくりぬき、その中にフレッシュなチーズをギュッと詰めて、植物油でマリネしてあります。よく冷やして、ワインやビールのお供にどうぞ。

カラフルピンチョス

ピンチョスは、野菜や肉を串にさしたスペインのおつまみです。チーズ詰めの野菜を使えば、手軽にコクと深みの楽しめる大人向けの一品に。鮮やかな色彩も楽しめます。

材料（4人分）

牛ヒレ肉　150g
塩・黒こしょう　各少々
サラダ油　適宜
ブロッコリー　1/3株
ケーゼミューゼ　100g
プチトマト　8個

作り方

① 牛ヒレ肉は3cm角に切り、塩・黒こしょうをし、油をひいたフライパンで赤みが残る程度に焼く。
② ブロッコリーは小房に分け、塩少々を入れた熱湯で茹でる。
③ チーズは食べやすい大きさに切り、①②とプチトマトをピックにさす。ケーゼミューゼのオイルをかける。

《Column》フレッシュチーズは新鮮さが勝負！
　チーズには、熟成が進むとコクや旨味が増すものが多くありますが、基本的にフレッシュチーズは別。新しく新鮮なものほど美味しいので、できるだけ早く食べ切りましょう。日が経つと黄色がかってくるものが多いので、買うときは、白色がきれいなものを選ぶのがコツです。

57

Austria

◆ツィーゲンケーゼトルテ　Chèvre

山羊乳製／山羊乳が苦手な人にもおすすめの、臭みの気にならないチーズ。タイム、ローズマリー、オレガノ、パプリカなどプロバンスハーブといわれる香り高いハーブが周囲にまぶされており、さわやかな風味が楽しめるのはもちろん見た目にも鮮やかです。ビールや白ワイン、そしてハーブティーにもぴったり。

大根とチーズの
さっぱりサラダ

シンプルな大根サラダも、チーズの魔法でお洒落に変身。外側についたハーブの風味と、軽い酸味のあるツィーゲンケーゼトルテなら、後味もすっきりとして爽やかです。

材料（4人分）

大根　200g
カイワレ菜　1/2パック
ツィーゲンケーゼトルテ　40g
A　酢　大さじ1
　　EX.オリーブオイル　大さじ1
　　ツィーゲンケーゼトルテ　10g
　　塩・こしょう　各少々

作り方

①大根はせん切りにする。カイワレ菜は根を切り落として洗い、水気を切る。
②チーズは粗く切る。
③器に①を盛り、②を散らす。Aを合わせたドレッシングをかけ、よく混ぜていただく。

59◆

Austria

◆ビオパルメザン　Hard

牛乳製／オーストリアのオーガニックミルクで作ったパルメザンを、イタリアの熟成士に預け、18ヶ月の長期熟成を経て再び出荷します。イタリアパルメザンに負けない風味とコク、後味の優しさは、オーガニックと技が生んだたまもの。上質な白ワインや日本酒によく合います。

マグロのカルパッチョ パルメザン風味

赤身の魚が苦手な人にもおすすめ。パルメザンは、牛肉などのカルパッチョにもよく合います。

材料（4人分）

ビオパルメザン　50g
マグロ（赤身サク）250g
バジリコ　適量
黒こしょう　少々

A｜マスタード　大さじ1
　｜レモン汁　大さじ1
　｜おろしにんにく　大さじ1/2
　｜オリーブオイル　大さじ4
　｜塩　小さじ1/4

作り方

① チーズはスライサーで薄く削る。
② マグロは薄いそぎ切りにする。
③ 材料Aをよく混ぜ合わせる。
④ 器に②を平らに敷き、③をかけてパルメザンの薄切りをのせてバジリコを飾る。黒こしょうを好みで振る。

◆ローテスシャーフ　Wash

羊乳製／ドイツ語で「赤い羊」と名付けられた、珍しい羊乳製のウォッシュチーズ。熟すほどに香りと甘さが増します。香りが強すぎると感じる人は、表皮を除き、中身のまろやかな部分だけを食べるのがおすすめ。赤ワインとよく合います。

ローテスシャーフ アペリティフ風

珍しい羊乳製のチーズは、そのまま味わうことをおすすめします。チーズの軽い塩気とコクは、干しぶどうやドライフィグの甘味と相性抜群。ワインはもちろん、幅広いお酒のお供にどうぞ。

材料（4人分）

クリスプブレッド オーガニック（※1）**6枚**
　［またはクラッカー］
イズニーバター（※2）**適宜**
　［またはバター］
ローテスシャーフ　**1/6個**
枝付干しぶどう　**適宜**
　［または干しぶどう］
セミドライフィグ　**適宜**
ラディッシュ、チャービル　**適宜**

作り方

① クリスプブレッドにイズニーバターを塗り、チーズをのせ、枝付干しぶどうやセミドライフィグをのせる。
② 周囲にラディッシュやチャービルを飾る。

※1　クリスプブレッド オーガニック
　　　有機小麦を原料に焼き上げた、軽くて薄いコイン型のクラッカーです。オーストラリア産。
※2　イズニーバター
　　　良質の塩とフランス・ノルマンディー産のミルクにこだわった原料から生まれた発酵バター。

Switzerland

◆カーヴエイジドエメンタール　Hard（左）

牛乳製／アルプス山中、エメンタール渓谷原産で、1玉80～100キロという大きさから「ハードチーズの女王」と呼ばれるエメンタールを、砂壁の洞窟で1年以上熟成して仕上げます。外皮は黒く、中身には大きな気孔（チーズアイ）が散在。風味は淡泊ですが、上品なコクと甘味のバランスが良いチーズで、フルーティーな白ワインと合います。

◆グリュイエールレティヴァ　Hard（右）

牛乳製／ナッツのような風味が魅力。エメンタールに比べてよりしっとりとしてコクが強いのが特徴で、フォンデュやキッシュ、オニオングラタンなどに使われます。その中でもスイスのレティバ村で作られるものは、濃厚で深い味わい。一度食べるとやみつきになります。赤ワインや辛口の白ワインがよく合います。

伝統的スイスのチーズフォンデュ

スイス名物のフォンデュは、あつあつを皆で賑やかに楽しめる料理。ワインとチーズの濃厚な風味がたまりません。他のチーズでも試してみると、より一層、お気に入りの味が見つかるかもしれません。

材料（4人分）

A
- カーヴエイジドエメンタール　120g
- グリュイエールレティヴァ　120g
- にんにく　小1片
- 白ワイン　3/4カップ
- コーンスターチ　小さじ1/2
  ［または片栗粉］
- キルシュ　小さじ1 1/2
- こしょう　少々

バゲット　1/2本

作り方

① チーズは両方ともおろす。
② バゲットは1切れずつに必ずパンの固い皮が1ヶ所はつくようにして、2cm角のさいのめに切る。
③ にんにくはかたまりのまま潰す。
④ フォンデュー用の土鍋を火にかけて温め、③をフォークに突きさして鍋の内側にすりつけるようにして香りを移し（写真次頁下）取り出す。
⑤ ④の鍋に分量の白ワインを入れて温め、①のチーズを加えてかき混ぜながらトロトロに溶かす。煮立ってきたら分量のコーンスターチをキルシュで溶いて加え、手早くかき混ぜ、さらにとろみが強くなるまで煮詰める。

⑥食卓にフォンデュー用のアルコールランプがついた台を置き、⑤の土鍋をかけて各自柄の長いフォークをパンの皮の固いところから突きさし、溶けたチーズの中に入れて8の字型にかき混ぜて、チーズをからませながらいただく。

Holland

◆ゴーダトリュフ　Semihard

牛乳製／13世紀にオランダのゴーダ村で誕生し、今ではオランダのチーズ生産量の過半数を占めるというゴーダチーズは、口当たりがマイルドでクリーミー。さらに三大珍味で名高い黒トリュフを混ぜ込んだ贅沢なゴーダトリュフは、農家で大切に作られている手作りゴーダチーズのひとつ。工場製よりも一層コクが豊かです。フルーティーな白ワインと相性が良く、肉料理のソースにしても美味。

トリュフチーズのスクランブルエッグ アンディーブのせ

トリュフ入りの贅沢なチーズは、卵料理と相性抜群。コクと甘味のあるゴーダトリュフ入りのスクランブルエッグを、ちょっと苦味のあるアンディーブにのせれば、洒落たおもてなしの一品のできあがり。

材料（4人分）

ゴーダトリュフ　60g
卵　4個
生クリーム　大さじ2
こしょう　少々
パセリ（みじん切り）　大さじ1
バター　20g
アンディーブ　1個
ハーブ　少々

作り方

①チーズは粗く刻む。
②卵を割りほぐし、生クリーム、こしょう、パセリ、①を混ぜる。
③フライパンにバターを溶かし、②を入れて半熟のスクランブルエッグを作る。
④1枚ずつに分けたアンディーブに③をのせ、ハーブをのせる。

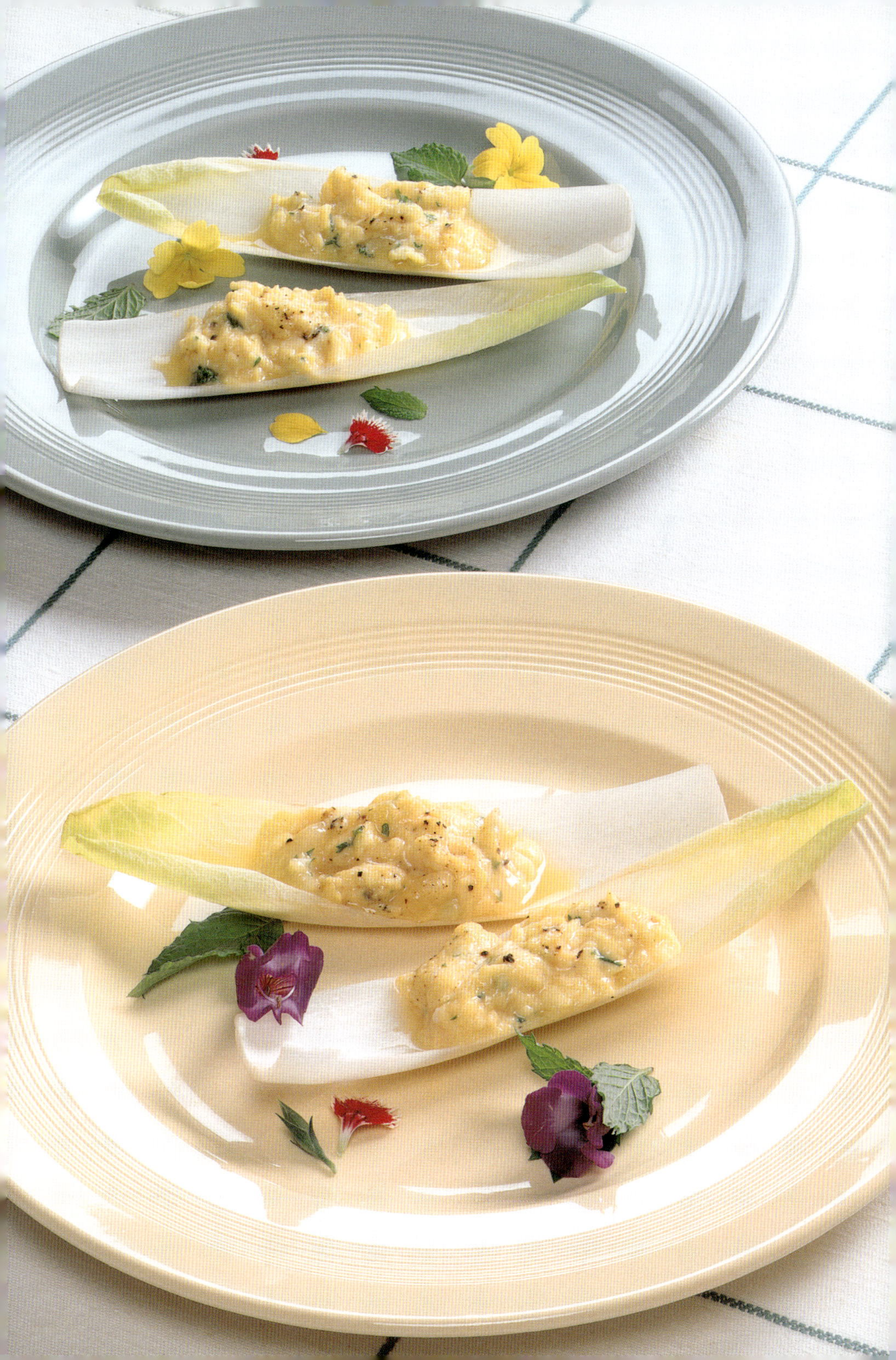

Belgium

◆ベルギーフルロンドブルージュ　Wash

牛乳製／ヨーロッパの田舎パンのような風ぼうで、モチモチとした食感に、香り豊かなミルク味を残したチーズです。外皮はシコシコしており、熟成が進むとナッツのような香ばしさが全体に漂いビールや軽い赤ワインとよく合います。

ゴーヤとベーコンのチーズかき揚げ

ゴーヤの苦味にチーズの甘味とコクが加わり、絶妙のバランス。チーズとベーコンの旨味がポイントです。

材料(4人分)

ゴーヤ　1本
ベーコン　3枚
ベルギーフルロンドブルージュ　50g
A｜卵　1/2個
　｜冷水　1/2カップ
　｜塩　少々
B｜小麦粉　1/2カップ
　｜片栗粉　大さじ3
揚げ油　適宜
塩・こしょう　各少々

作り方

① ゴーヤは縦半分に切り、種を取って（写真a）薄切りにする。
② ベーコンは1cm幅に切る。
③ チーズは細かく切る。
④ Aを合わせてBをふるい入れ、軽く混ぜる。
⑤ ①②③を合わせて小皿に少量ずつ取り、④の衣を大さじ1～2杯入れて合わせ（写真b）、揚げ油でカリッと揚げる。塩・こしょうを添える。

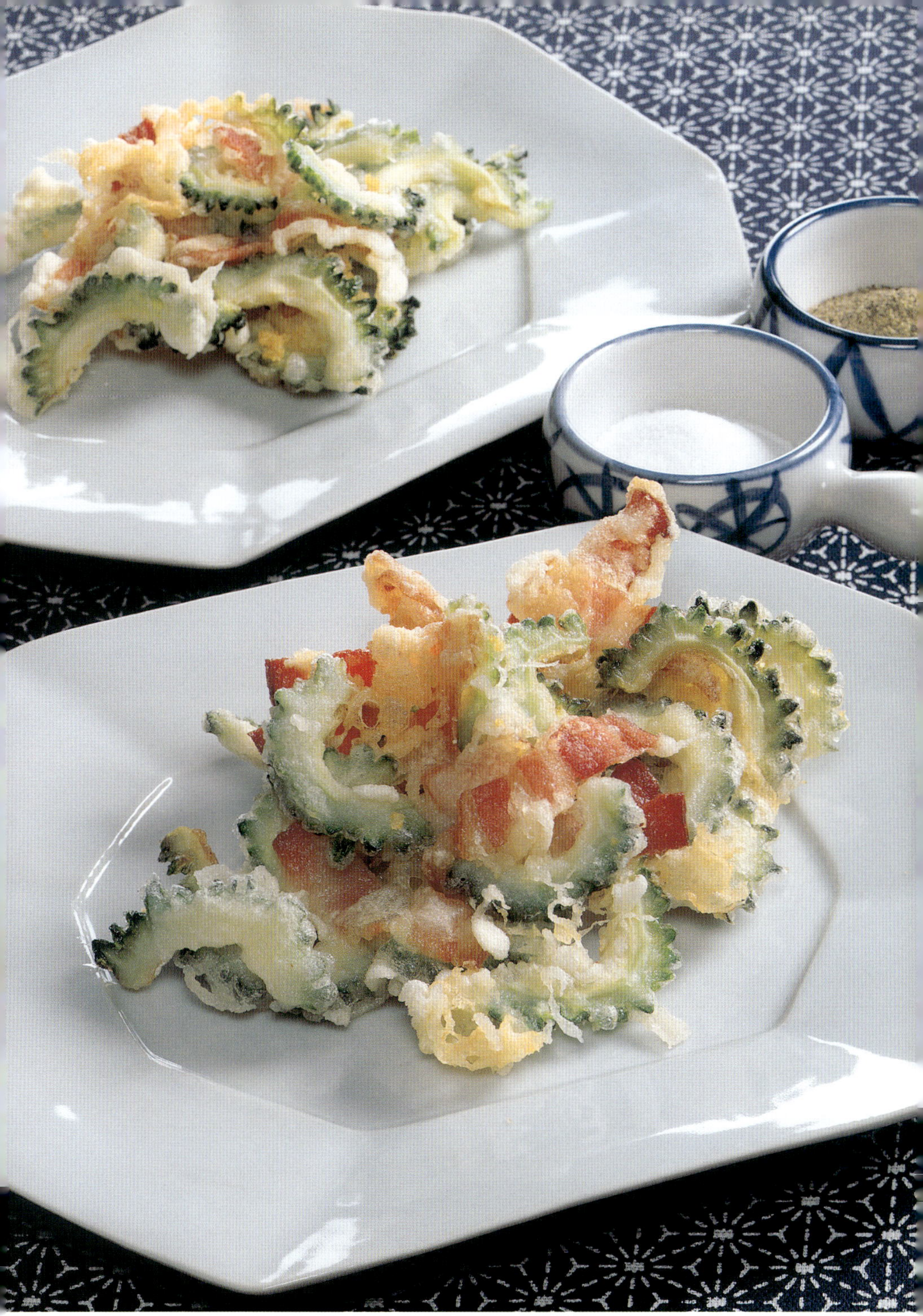

★チーズの栄養

　チーズには、原料であるミルクの主要栄養成分、ビタミンやミネラルがギュッと凝縮されて詰まっています。牛乳コップ1杯分（200ml）の栄養に値するのは、チーズほんのひと切れ（25g）。ミルクの栄養を効率良く、優しく摂り込むことができるのも、チーズの魅力のひとつなのです。

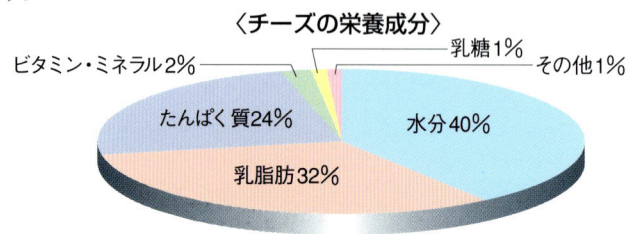

〈チーズの栄養成分〉

- ビタミン・ミネラル 2%
- 乳糖 1%
- その他 1%
- たんぱく質 24%
- 水分 40%
- 乳脂肪 32%

◆カルシウム

　骨を作り、神経、血圧のバランスを調節するカルシウムは、私たちの体に欠かせない大切な栄養素のひとつです。

　人は一日に600mgのカルシウムが必要といわれますが、日本人の平均は570mg前後。この30mgの不足を補うには、スライスチーズなら約5g（1/4枚）、カマンベールなら約6g（1/20個）で十分なのです。そのうえチーズのカルシウムは、たんぱく質と結びついているので、体内への吸収率が抜群。小魚や小松菜などのカルシウムと比較すると、2倍もの吸収率があります。

200mgのカルシウムをとるには……

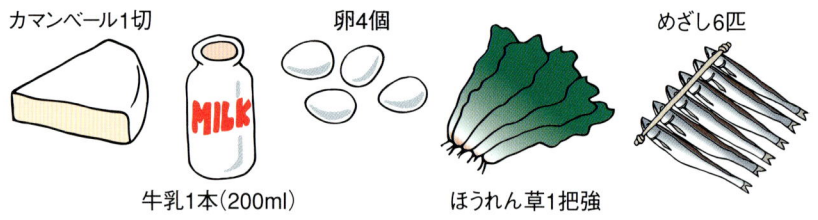

- カマンベール1切
- 牛乳1本（200ml）
- 卵4個
- ほうれん草1把強
- めざし6匹

◆ビタミン

　チーズには、原料であるミルクに豊富な、ビタミンB_2とビタミンAが多く含まれています。

　ビタミンAは緑黄色野菜に多く含まれている栄養素で、チーズには、牛や山羊が食べる牧草から取り込まれています。皮膚や粘膜を守るほか、がん予防の効果も注目されています。また、ビタミンB_2は体内の脂肪を分解し、燃焼させて、体の成長や疲労回復に役立ちます。

◆たんぱく質

　たんぱく質は、筋肉や内臓、脳の形成成分となる栄養素。チーズのたんぱく質は、必須アミノ酸をバランスよく含んでいます。そのうえ、熟成が進むにつれ分解されていくため、体内に摂り込んだときに、消化が良く、効率的に吸収されます。

（日本食品標準成分表参照）

オーストラリア・ニュージーランド

Australia

New zealand

オーストラリアの酪農は、Clean/Green/Safeの3原則からなっています。世界各国からの移民が多い国だけに、ヴィクトリア州やタスマニア州を中心に、世界各地のバラエティ豊かなチーズが作られています。
また、豊かな自然に恵まれたニュージーランドも、酪農王国であるだけに、チーズ作りが盛ん。上質なミルクを原料とするクセのないクリームチーズをはじめ、巧みにフレーバーを使ったユニークで香り高いチーズも豊富です。

Australia

◆ジェンセンズレッド　Wash

牛乳製／オーストラリアチーズの伝道師である作り手、ロリー・ジェンセン氏の名前がつけられた質の高いウォッシュチーズ。若いときから熟すまで、熟成度によって異なる風味が楽しめます。外皮は取り除いても、そのままでもお好みで。赤ワインとよく合います。

いわしのハーブチーズロールグリル

いわしにハーブとチーズを巻いて、香ばしく焼き上げます。香り豊かに仕上がるので、魚の匂いが苦手な人にもおすすめ。ウォッシュやハード系のチーズなら幅広く代用できるメニューです。

材料(4人分)

いわし　4尾
塩・こしょう　各少々
A　ジェンセンズレッド(おろす)　100g
　　パセリ(みじん切り)　大さじ2
　　オレガノ(ドライ)　小さじ1
　　にんにく(みじん切り)　小さじ1
パン粉　15g
オリーブオイル　大さじ2
レモン　1/2個
サラダ油　適宜

作り方

① いわしは手開きにし(写真)、縦半分に切る。塩・こしょうをしてしばらく置き、Aを混ぜたものをのせて巻き、楊枝で止める。
② 耐熱器に油を塗り、①をのせて上にパン粉をのせ、オリーブオイルをかけて200℃のオーブンで約10分焼く。レモンを添える。

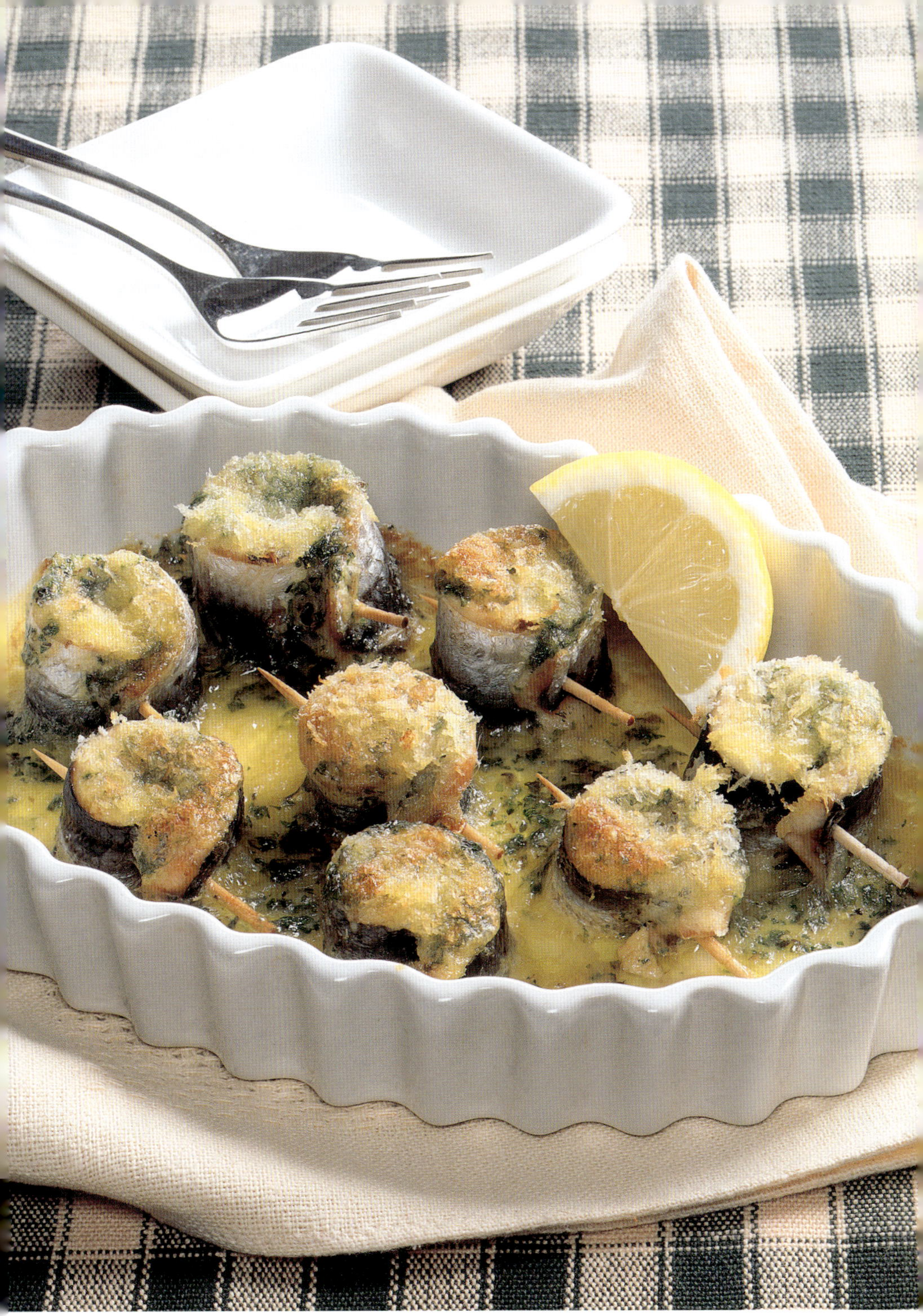

Australia

◆シャドーズオブブルー　Blue

牛乳製／ブルーチーズが苦手な人にもおすすめできる、優しい風味いっぱいのチーズ。クリーミーな組織で周囲にアイボリー色のワックスがかかっています。フルーティーな赤や白のワインと合います。

ブルーチーズのリゾット

ブルーチーズはリゾットに最適。濃厚な旨味とクリーミーさが楽しめます。米を煮るときは中火でかき混ぜながら、一気に火を通し過ぎないように。芯の残るアルデンテの状態に仕上げるのが美味しさのポイントです。

材料（4人分）

- シャドーズオブブルー　150g
- たまねぎ　1/2個
- エシャロット　1個
- 米　1 1/2カップ
- ブイヨン　3カップ
- 生クリーム　1/2カップ
- 塩・こしょう　各少々
- サラダ油　大さじ2

作り方

① チーズは粗く刻んでおく。
② 鍋にサラダ油を熱し、みじん切りにしたたまねぎとエシャロットを炒め、米を入れて米が半透明になるまで炒める。
③ ②にブイヨンを1カップ加えて大きくかき混ぜる。中火にして、絶えずかき混ぜながら水分がなくなったらブイヨンを少しずつ足していく。
④ まだ米に芯が残っているくらいのところで、生クリーム、チーズを加え、塩・こしょうで味をととのえる。

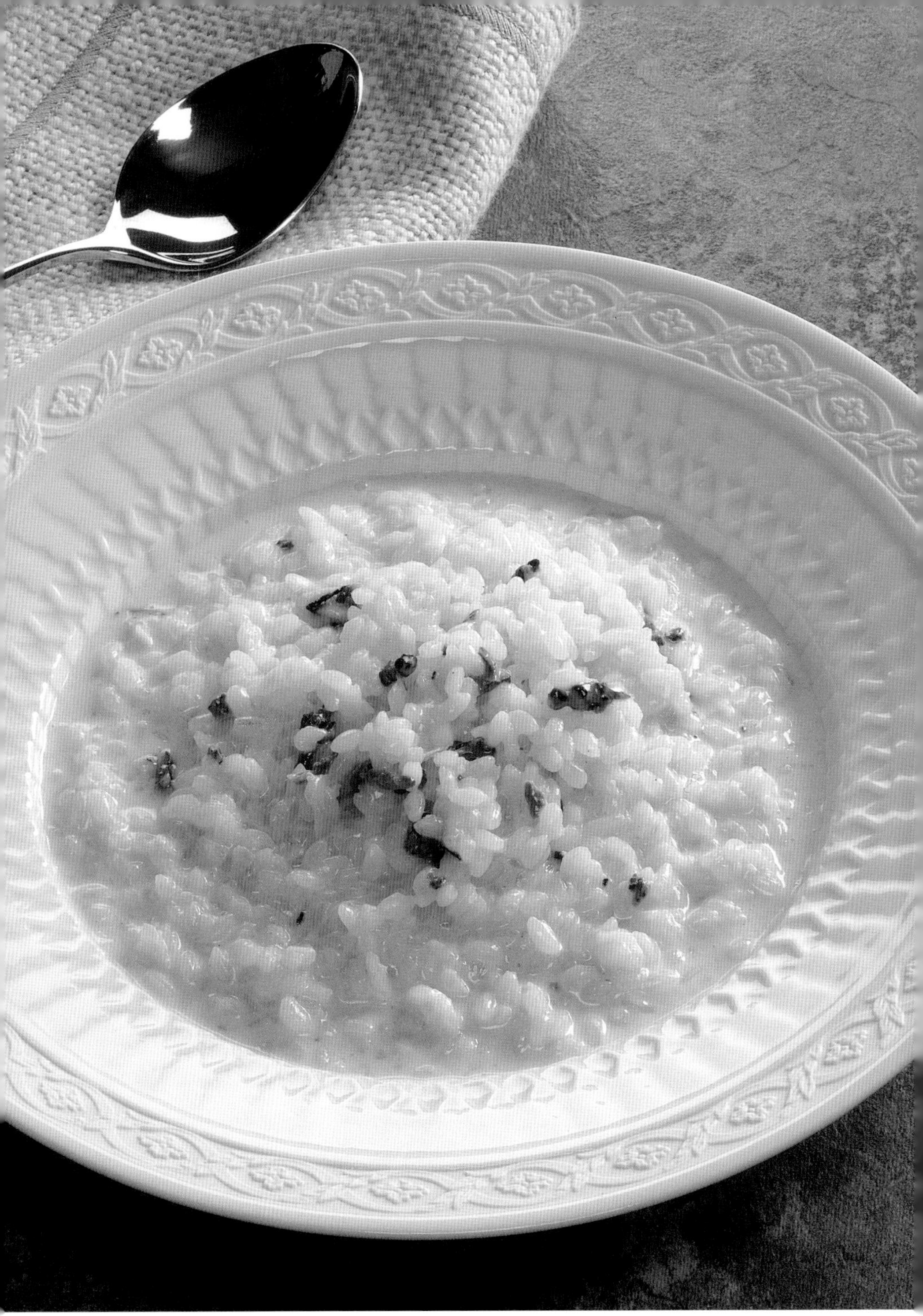

Australia

◆**チーズ王国オリジナルブリー　White**

牛乳製／ブリーは、フランスを代表する上品な味わいのチーズ。中でも「チーズ王国オリジナルブリー」は、白かびチーズの研究に熱心なオーストラリア・ビクトリア州のジンディー社で完成した、高品質のチーズです。口当たりはマイルドでクリーミー。チーズコンテストでチャンピオンにも輝きました。通常の白かびタイプより塩分は控えめ、フルーティーな白ワイン、コーヒーによく合います。

タスマニアンSUSHIロール

くせのない白かびタイプのチーズは、野菜やご飯、しょうゆとの相性が良いので、洋風のお寿司にしてみてはいかがでしょう。おもてなしにもおすすめです。

材料(4人分)

- チーズ王国ブリー　100g
- サーモン　130g
- 塩　少々
- いりごま　適宜
- すし飯　茶碗2杯分
- のり　2枚
- サニーレタス　2枚
- カイワレ菜　1/2パック
- しょうゆ　適量
- マヨネーズ　適量

作り方

① チーズは棒状に切る。
② サーモンは塩をしてしばらく置き、1cmの棒状に切る。
③ のりにすし飯茶碗1杯分を平らに置き、ごまをふりかけてラップをしいた巻きすに裏返す。
④ ③にサニーレタス、カイワレ菜、①②を置いて（写真a）手前から巻く（2本作る／写真b）。
⑤ 食べやすく切り、しょうゆをつけていただく。お好みでマヨネーズをつけてもよい。

a　　　　　　　　　　　　　b

75

Australia

◆モッツァレラパール　Fresh & Stretch

牛乳製／モッツァレラは、もともとイタリア南部で水牛乳で作られていたチーズで、「引きちぎる」という意味が語源。ピザやパスタ、サラダなどの料理によく使われ、軽い白やロゼのワインと合います。モッツァレラパールは料理に使いやすい真珠サイズです。

フルーツトマトとモッツァレラの冷製パスタ

さっぱり味の冷たいパスタは、食欲がないときにも美味しく食べられます。モッツァレラチーズのもっちりとした食感も嬉しい一品。

材料（4人分）

- グルメトマト（※1）30g
- フルーツトマト　200g
- モッツァレラパール　150g
- パスタ　200g
- 塩　少々
- A
  - ベジタブルオイル（※2）大さじ3
  - バルサミコ　大さじ2〜3
  - 塩・こしょう　各少々
  - おろしにんにく　少々
- イタリアンパセリ　適宜

作り方

① グルメトマトは横に5mm幅のせん切り、フルーツトマトは6〜8等分のくし型に切る。
② ボウルに①とチーズ、Aを入れて混ぜ、冷蔵庫で1時間程、馴染ませる。
③ パスタはたっぷりの熱湯に塩を入れて茹で、冷水で洗って水気を切る。
④ ②③を合わせて味をととのえ、器に盛ってイタリアンパセリを飾る。

※1　グルメトマト
セミドライトマトをハーブと一緒にベジタブルオイルに漬け込んだもの。もし手に入らない場合は、ドライトマトを使いましょう。

※2　ベジタブルオイル
グルメトマトの漬け汁です。手に入らない場合は、オリーブオイルで代用してください。

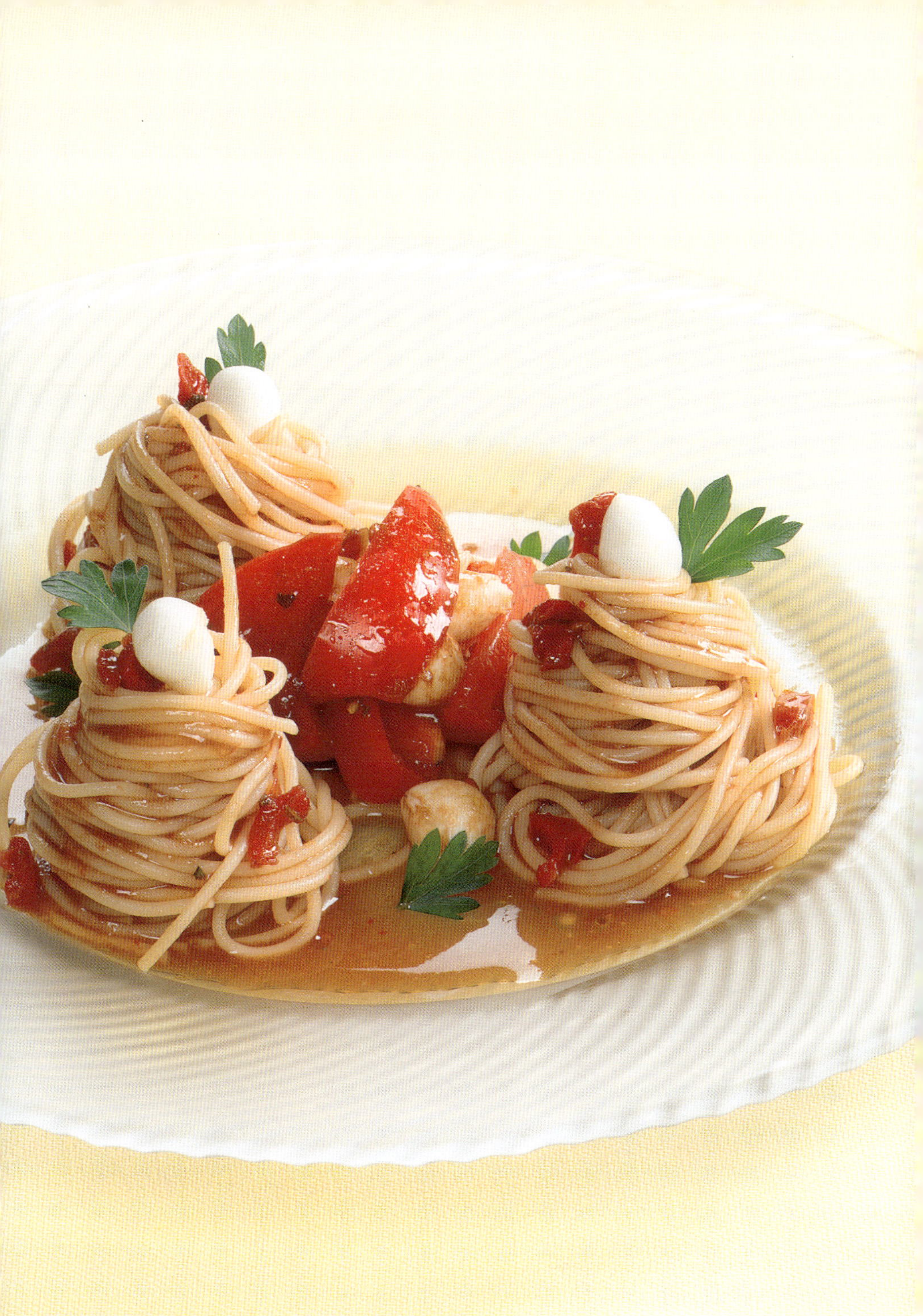

Australia

◆ティルバトリロジー　Semihard

牛乳製／3色のコントラストがとっても鮮やか。黄色はビンテージチェダー、緑色はハーブ、赤色はドライトマトで色付けしてあります。一品で様々な味が楽しめるのが嬉しい特徴。フルーティーな赤・白ワイン、日本酒にもぴったりです。

アスパラガスとチーズのパンキッシュ

ハーブやドライトマトの入ったチーズと、食パンで作るパンキッシュは、簡単なので朝食にもおすすめ。パンの角が焦げすぎる場合は、アルミホイルなどで覆うと良いでしょう。

材料(4人分)

- アスパラガス　1束
- ベーコン　3枚
  [またはシンケンスペック　薄切り]
- ティルバトリロジー　50g
- A｜卵　1個
　　｜牛乳　1/2カップ
　　｜生クリーム　1/3カップ
　　｜塩・こしょう　各少々
- サンドイッチ用食パン　4枚
- バター　適宜

作り方

① アスパラは下部の皮をむき、塩茹でして3cmの長さに切る。
② ベーコンは1cm幅に切る。
③ チーズは小さく刻み、Aとよく混ぜ合わせる。
④ ココットにバターを薄く塗ってパンを敷き、①②を1/4量ずつのせて③を流し、オーブントースターまたは180℃のオーブンで約10分焼く。竹串をさして卵液が固まっていればできあがり。

◆ペルージャンフェタ　Fresh

牛乳製／紀元前から作られているフェタは、フレッシュチーズを高濃度の塩水に漬けて熟成させるギリシャの代表的なチーズ。オーストラリア産のペルージャンフェタは、今までにない柔らかく滑らかなフェタチーズで、ハーブ入りのオリーブオイル漬けで、香りも抜群です。辛口の白ワイン、果物、サラダにもおすすめ。

フェタチーズとパプリカのカラフルマリネ

パプリカは水につけたら手早く皮をむくと、色良く仕上がります。

材料（4人分）

ペルージャンフェタ　100g	ローリエ　2枚
パプリカ（赤・黄）各1個	アンチョビー　1/2尾
オリーブオイル　大さじ4	黒こしょう　少々
おろしにんにく　大さじ1	レモン汁　大さじ1

作り方

① チーズは食べやすく切る。
② パプリカは直火にかけて皮が真っ黒になるまで全体を焼き、すぐに水につけて皮をむき、3cm幅の縦に切る。
③ フライパンにオリーブオイルとおろしにんにく、ローリエを入れて弱火にかけて香りを出し、アンチョビーのみじん切り、②のパプリカを入れてさっと炒める。黒こしょうを入れて火を消し、レモン汁を加えて冷蔵庫で冷ます。
④ 器にチーズとパプリカを交互に盛る。

Australia

◆ピュアマリネイティドゴートチーズ　Chèvre

山羊乳製／新鮮な山羊のミルクから作られる、キューブ状にカットされた、フレッシュなフェタチーズ。ぶどうの種から搾った上質のオイルにタイムやにんにくとともにマリネし、爽やかな口当たりが楽しめます。相性の良いのは、フルーティーな白やロゼワイン。

フェタチーズとグリーンオリーブのサラダ グレープシードドレッシング

新鮮な生野菜に、軽い酸味のあるキューブ状のクリーミーなチーズを散らしたサラダ。チーズをマリネしていたマリネオイルもドレッシングに利用すれば、手軽に美味しく作れます。

材料（4人分）

- プチトマト（赤・黄）各4個
- きゅうり　1/2本
- 赤たまねぎ　1/2個
- グリーンオリーブ（大粒）　4個
- イタリアンパセリ　1/2本
- レタス　1個
- A
  - レモン汁　大さじ2
  - マリネオイル（※）　大さじ4
  - 塩・こしょう　各少々
- ピュアマリネイティドゴートチーズ　150g

※マリネオイル
　ピュアマリネイティドゴートチーズが漬けてあるオイルです。

作り方

① プチトマトは縦2つに、きゅうりは5mm厚さに切る。
② 赤たまねぎは薄切りにし、水にさらす。
③ グリーンオリーブは種を取り除く（または、塩気が強い場合、水で洗う）。イタリアンパセリとレタスは洗って水気を切り、ひと口大に手でちぎる。
④ Aを合わせてドレッシングを作る。
⑤ 器に①②③とチーズを盛り合わせ、④をかけ、全体によく混ぜて取り分けてすぐにいただく。

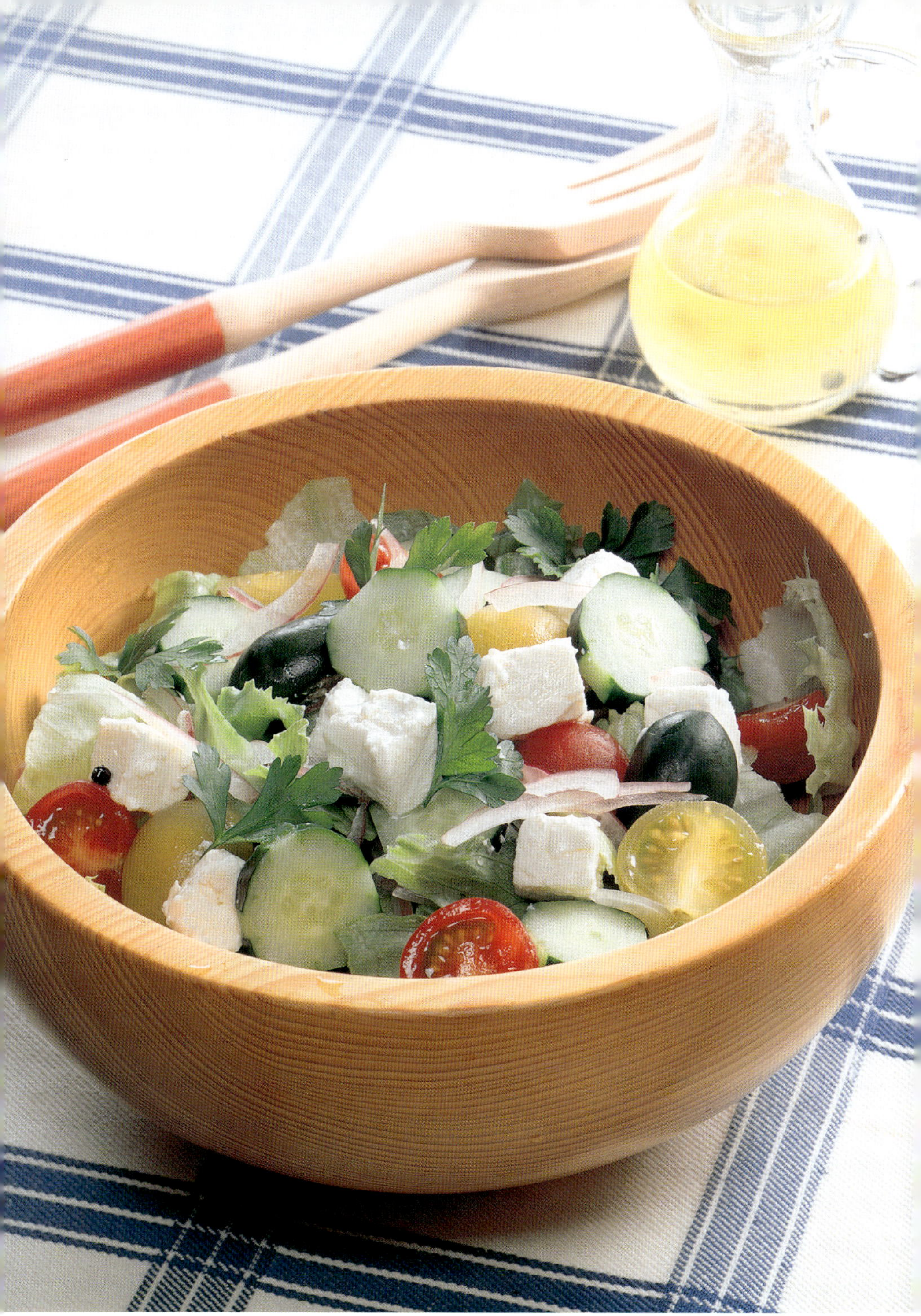

Australia

◆ワイルドワサビチーズ　Semihard

牛乳製／タスマニア産の生ワサビをたっぷり入れて、日本人のために作られたアイデアチーズ。しょうゆとの相性も良く、そのままカットするだけで、ビールのおつまみにも最適です。

マグロとワサビチーズの磯巻き

ワサビ入りのピリッと辛いチーズは、マグロと一緒にのりで巻いて、和風の一皿に。マグロは冷凍庫に入れて少し凍らせると、切りやすくなります。

材料(4人分)

ワイルドワサビチーズ　100g
マグロ(サク)　100g
焼のり　1枚
しょうゆ　適宜

作り方

① チーズとマグロは1.5cm角の棒状に切る。
② 焼のりに①を切り口が市松模様になるように置き(写真)巻いていく。
③ ②を1cm厚さに切り、しょうゆをつけていただく。

◆**ジンディシュプレム・トリプルクリーム　White**

牛乳製／リッチなジャージー乳にクリームを加えて仕上げるため、まるでバターのように濃厚でクリーミー。熟成すると白かびが黄色や茶色に変色して、ジューシーなコクが出てきます。赤ワインやコーヒーのほか、はちみつやジャムとも相性の良いチーズです。

明太子とチーズの湯葉巻きスティック

クリーミーなチーズを明太子と混ぜ、湯葉で巻いて、カリッと揚げます。乾燥湯葉を使うときは、水で戻してからよく水気をふきとって使用しましょう。

材料(4人分)

- ジンディシュプレム　100g
- 明太子　1腹
- 湯葉　4枚
- A｜小麦粉　大さじ1
- 　｜水　大さじ1/2
- 揚げ油　適宜

作り方

① チーズは皮を取り除き、棒状に切る。
② 明太子はほぐしておく。
③ 湯葉は半分に切り①②を細長く置き、Aを混ぜたもので止めて、スティック状にする。
④ 揚げ油でこんがりと揚げる。

Australia

◆マスカルポーネ　Fresh

牛乳製／きめが細かく、クリーミーで濃厚なマスカルポーネ。ティラミスの材料として知られる通り、上品な甘味がコーヒーやチョコレートなど苦味のあるものと合います。また、スパゲティや肉料理のソースに加えると味に深みが出るのでおすすめです。軽い甘口のワインやブランデー、紅茶との相性もgood！

タピオカマンゴークリーム

クリーミーなマスカルポーネのデザートは、リッチな香り。マンゴーピューレーは、マンゴー缶を汁ごとミキサーにかけたものを使用すると手軽にできます。

材料（4人分）

- タピオカ　1/2カップ
- 砂糖　大さじ1
- A
  - マスカルポーネ　200g
  - 杏酒　大さじ1
  - 生クリーム　1/4カップ
  - マンゴーピューレー　1/3カップ
- マンゴーピューレー　1/3カップ
- ドライマンゴー　適宜
- ミント　適宜

作り方

① タピオカは3カップの熱湯に一晩つけておく。砂糖を加えて透明になるまで茹で、ザルにあげて冷ます。

② Aをよく混ぜて①を加えて器に盛り、冷やす。いただく直前にマンゴーピューレーとドライマンゴー、ミントを上に飾る。

《Column》チーズに旬があるってホント？

　ナチュラルチーズの原料はミルクですが、ミルクは、牛や山羊、羊が食べる草によって、味が変わるといわれています。中でも春先や夏の牧草は栄養価が高く、どの季節の牧草を食べたかによって、チーズの色や味も左右されるのです。また、山羊や羊は出産時期が春先に限られるため、その時期のミルクが一番美味しいといわれます（P5参照）。だからといって、熟成期間を経るものや、好みもあるので、チーズに厳密な旬があるわけではありませんが、原料のミルクに思いを馳せることで、その季節ならではのチーズの美味しさを楽しむことができるでしょう。

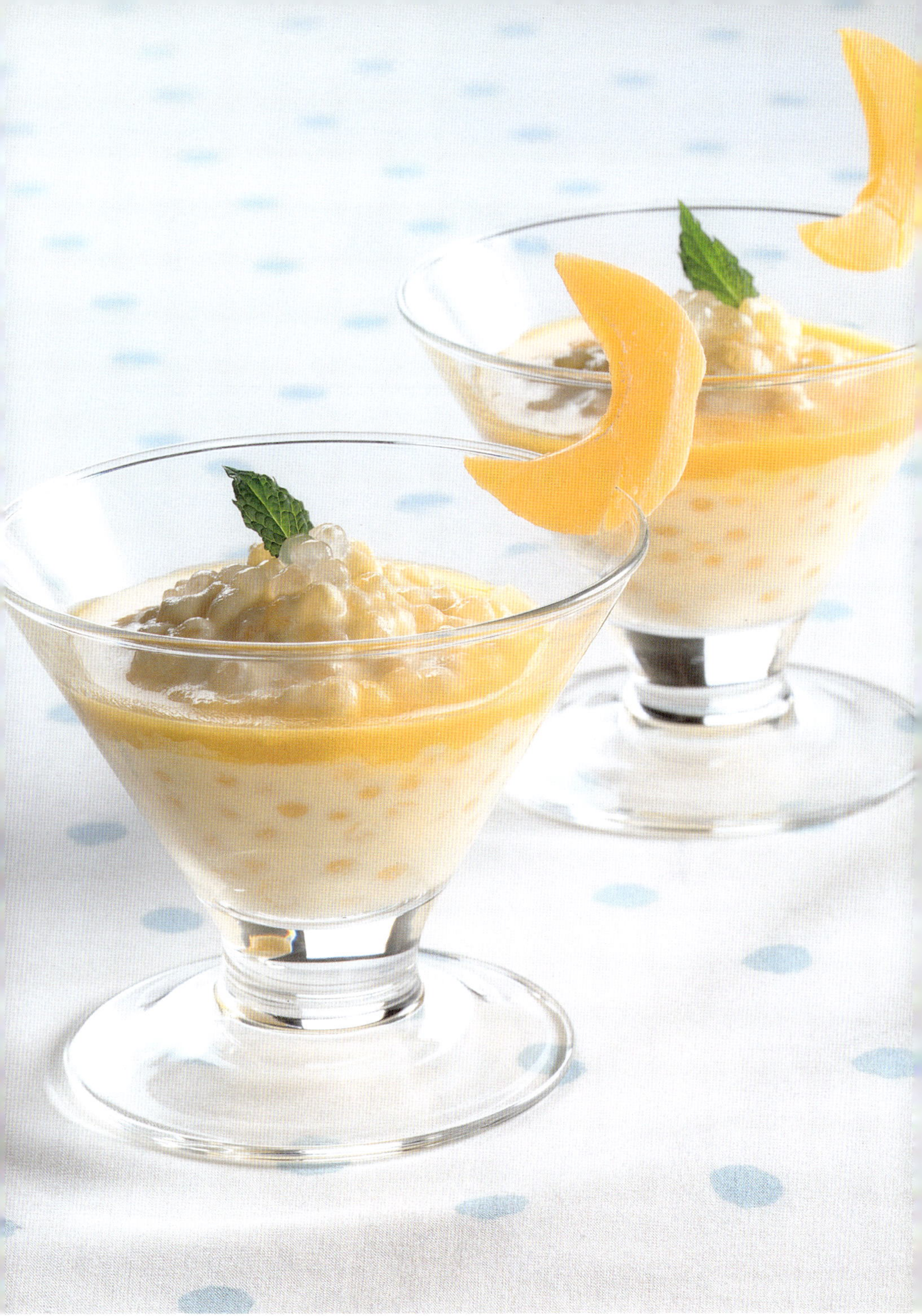

Australia

◆シープリコッタ　Fresh

羊乳製／純粋な羊乳の乳清より作られるホエーチーズ。組織はまるで絹ごし豆腐のよう。後味には上品な甘味が感じられます。はちみつをかけてデザート風に、またはしょうゆと薬味を加えて冷奴風にしても美味。フルーティーなワインと合います。

抹茶ティラミス

ティラミスの材料はマスカルポーネが有名ですが、脂肪分の少ないシープリコッタで作ると、大人の味に仕上がります。リーフパイに抹茶をよく染み込ませ、しっとり、馴染み良くするのがポイントです。

材料(4人分)

シープリコッタ　200g
粉砂糖　大さじ1
はちみつ　大さじ3
生クリーム　1/2カップ
| 抹茶　小さじ1 1/2
| 熱湯　50cc
リーフパイ　大3枚
抹茶　大さじ1/2

作り方

① チーズと粉砂糖を混ぜて柔らかくする。
② ①にはちみつを入れ、よく混ぜ合わせる。
③ 生クリームをとろりとするくらいに泡立て、②に混ぜる。
④ 抹茶は分量の熱湯で溶いておく。
⑤ バットにリーフパイを並べ、上から④を振りかけ、よく浸しておく。
⑥ 深めの器に③の1/2量を入れ、⑤を並べ上に残りの③をのせて（写真）平らにし、ラップをして冷蔵庫で冷やし固める。
⑦ いただく直前に茶こしを使って抹茶を振る。

87

Australia

◆ローリング40`sブルー　Blue（左）

牛乳製／コク・風味・組織ともにバランスの良いタスマニア産ブルーチーズ。ワックス熟成が生み出すネットリとした舌触り、ブルー独特のピリッとした辛さと甘味が口の中に広がります。甘口の白ワインがぴったり。

◆ユーロングラベンダー　Brebis（右）

羊乳製／まろやかな甘味のあるセミハードチーズに食用ラベンダーをたっぷり入れて、熟成させたチーズです。心癒されるような豊かな香りが特徴。紅茶やハーブティー、フルーティーな白ワインとよく合います。

ブルーチーズとレーズンのサブレ／ラベンダーといちじくのサブレ

サブレに、レーズンやいちじくのフィグ、それからチーズを加えます。フレーバーの強いチーズで作ることで、味と香りが豊かに仕上がります。

[ブルーチーズとレーズンのサブレ]

材料（4人分）

- レーズン　30g
- ラム酒　大さじ1
- ショートニング　40g
- ローリング40`sブルー　50g
- グラニュー糖　70g
- 卵　1/2個
- A　小麦粉　150g
  　ベーキングパウダー　小さじ1/3

作り方

① レーズンは粗く刻んで、ラム酒につけておく。
② ボウルにショートニングとチーズを入れ、グラニュー糖を加えてよくすり混ぜ、溶き卵を少しずつ加えてよく混ぜる。
③ ②にふるったAを入れ、①を加えて混ぜ、まとめてラップに包んで、冷蔵庫で約30分休ませる。
④ ③を8mm位の厚さに伸ばして型で抜き、オーブンペーパーを敷いた天板に並べて、180℃のオーブンで15分位焼き上げる。

[ラベンダーといちじくのサブレ]

材料（4人分）

ユーロングラベンダー　50g
セミドライフィグ　30g
くるみ（刻む）20g

※ラム酒、ショートニング、グラニュー糖、卵、小麦粉、ベーキングパウダーは「ブルーチーズとレーズンのサブレ」と同じです。

作り方

① 基本はブルーチーズとレーズンのサブレと同じ。ローリングブルーをユーロングラベンダーに、レーズンをセミドライフィグやくるみに代えて作ります。

◆クリームチーズ　Fresh

牛乳製／各国で作られている馴染み深いチーズですが、ニュージーランドの美味しいミルクで作られた「オリジナルクリーム」は格別。酸味が少なくマイルドでアレンジしやすいので、料理にも使いやすく便利です。コーヒーや紅茶、パン、野菜やハーブ、醤油との相性も抜群です。

オレンジベイクドチーズケーキ

甘味があり、クリーミーなクリームチーズをたっぷり使ったチーズケーキは、コクがあるのにさっぱりとした後味が楽しめます。時間が経って真ん中がへこんだ姿もご愛嬌。

材料（直径18cmの型1台分）

クリームチーズ　300g
グラニュー糖　90g
牛乳　50cc
卵黄　3個分
コーンスターチ　30g
レモン汁　大さじ2
好みのリキュール
　（コアントロー、グランマニエなど）大さじ2
オレンジピール（みじん切り）40g
卵白　3個分
飾り用オレンジピール（みじん切り）少々
ミント、粉糖　適宜

作り方

① チーズにグラニュー糖の半量を加えてすり混ぜ、牛乳を混ぜる。さらに卵黄を1個ずつ入れて混ぜる。コーンスターチ、レモン汁、リキュール、オレンジピールの順に加えてよく混ぜる。
② 別のボウルに卵白を泡立て、残りのグラニュー糖を2回に分けて加え、固いメレンゲを作る。
③ ①に②の半分のメレンゲを加えて泡立器でよく混ぜ、馴染ませる（写真）。残りのメレンゲを加えてゴムべらで大きな泡が残らない程度に混ぜる。
④ ③を型に流し入れ、180℃に温めたオーブンで1時間程焼く。焼き上がったら型に入れたまま粗熱を取り、粉糖を茶こしを使って振り、飾り用のオレンジピール、ミントを飾る。

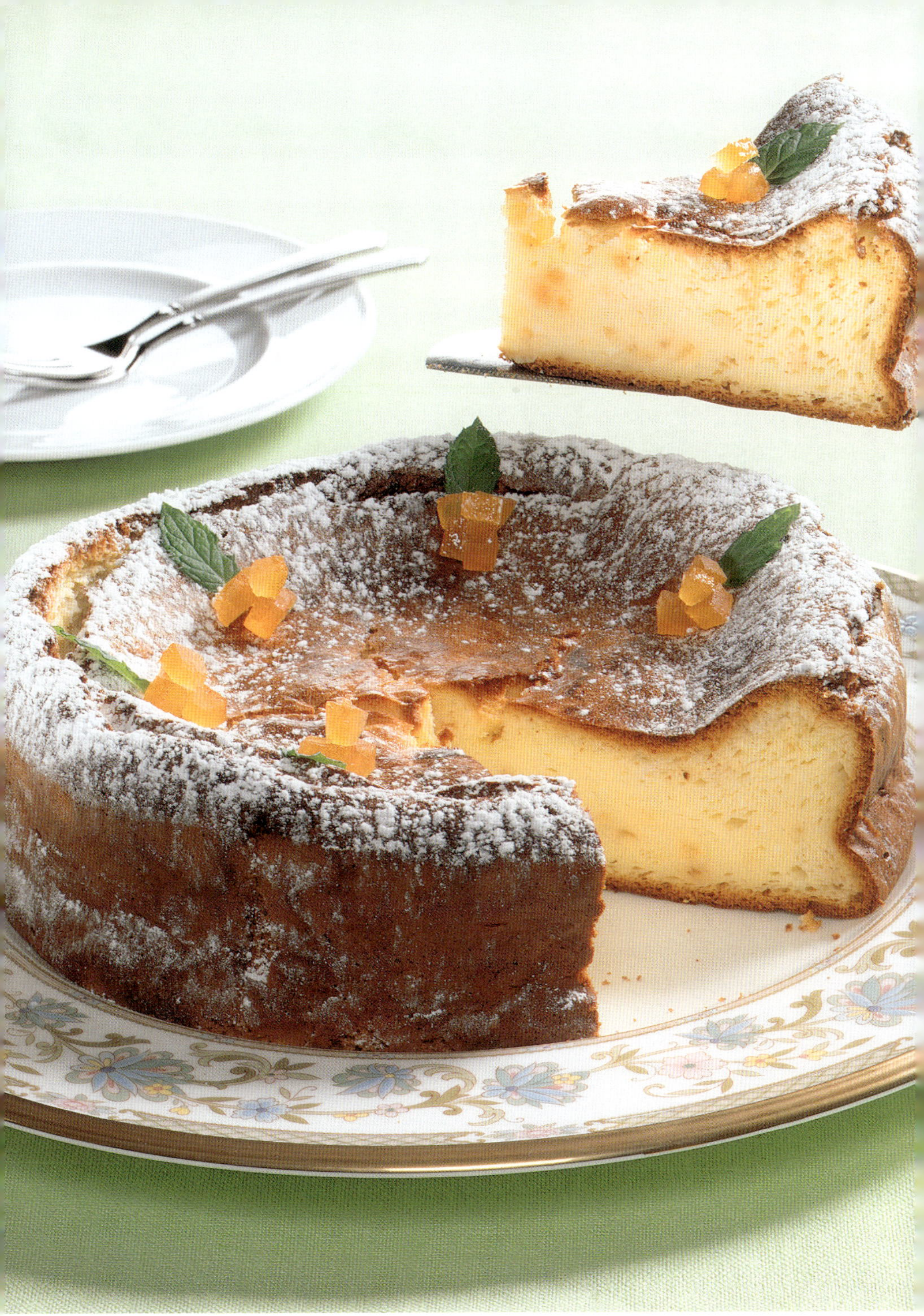

Others

◆ブレンドシュレッター　Semihard

数種類のナチュラルチーズをブレンドしたミックスチーズ。肉や魚、パンなどにのせて焼くのに便利なうえ、無添加なので生食用としてサラダやタコスにもおすすめです。1週間以内に使い切れないときは、小分けにして冷凍保存しましょう。

新たまねぎのチーズハンバーグ

新たまねぎの甘味を利用したハンバーグ。仕上げにチーズをのせて焼くと、よりゴージャスに仕上がります。

材料（6個分）

新たまねぎ　3個
塩・こしょう　各少々
牛挽き肉　150g
A｜パン粉　大さじ2
　｜牛乳　大さじ3

たまねぎ（みじん切り）　大さじ2
パセリ（みじん切り）　小さじ1
しいたけ（みじん切り）　中2枚分
卵　1/3個
塩　小さじ1/2

こしょう　少々
ブレンドシュレッター　100g
バター　大さじ1
コーン（缶詰）100g
パセリ　適宜

作り方

① 新たまねぎは上下を切り落とし、横2つに切る。
② フライパンにバターを熱し、①の片面のみを焼く。焦げ目がつくくらいに柔らかく焼いたら、焼いた面を上にして取り出し塩・こしょうする。
③ 挽き肉にAを混ぜ合わせる。6等分にし、②のたまねぎの焼いた面に平らに広げ、チーズを一面にのせる。
④ 皿に並べ、塩・こしょうをしたコーンを間に置き、200℃のオーブンで7〜8分焼く。上にパセリを振る。

★チーズの切り方

　チーズをそのままカットして食べるときには、それぞれのチーズの特徴を考えて切ると、より美味しく食べられます。

　フレッシュタイプや青かびタイプ以外の、ほとんどのチーズは、周囲から中心に向かって熟成します。ですから、円盤形、角盤形、ピラミッド型などの特に柔らかいチーズは、中央から放射状にカットしましょう。そうすることで、熟成度を均等に味わうことができます。

　ハードやセミハードタイプは、短冊状に切ったり、スライサーで薄く削ったり、グレイダーでおろして粉末にして使います。

★チーズの保存

　チーズには、熟成が進むとともに味の変化を楽しめるものもありますが、お店のカーヴと家庭の冷蔵庫では、環境が違うことを忘れずに。もし残った場合は、下記のことに注意して保存しましょう。

● 乾燥は禁物

　チーズ専用のシートやラップ、包装紙で包み、香りが移らないように密閉容器やジッパー付きのビニール袋に入れましょう。このとき、野菜や果物の葉や切端を一緒に入れると、湿気が適度に保てます。

● 冷蔵庫で保存

　通常、保存は冷蔵庫の野菜室で。熟成を抑えたいものや青かびのチーズはチルド室に入れましょう。その場合、食べる1時間程前に常温に戻しておくのがポイント。冷凍は基本的には風味が損なわれるのでおすすめできませんが、ピザのように熱で溶かして食べる場合はOKです。

● シートやラップは取り換えながら

　買ったときに包まれていた専用シートやラップをそのまま使っていると、雑菌が繁殖して、チーズがだめになってしまうことがあります。ですから、シートはこまめに取り換えて保存しましょう。空気が入らないように、ピンと張りながら、きっちりと包むのがコツです。

● 硬くなったり、かびがついてしまったときは…

　中身に問題がなければ、外側だけ削ったり、だめな部分だけを切り取って、加熱調理すれば大丈夫。熟成が進んでコクが出ているものなどは、ソースなどにすると、かえって美味しく食べられることもあります。ナチュラルチーズは基本的に、賞味期限にこだわらず、味をみて判断することが、最後まで無駄にせず楽しむ方法です。

INDEX

【ちょっとお洒落なチーズの一品】
鶏のワイン蒸しブルーチーズ風味　8
豚肉と生ハムのチーズ焼き　10
温野菜のクロタン焼き　12
チーズと長いものステーキ　山椒風味　34
チーズチキンハーブリエット　48
ブルーチーズのスフレオムレツ　52
スナップえんどうとウォッシュチーズのガーリックソテー　54
伝統的スイスのチーズフォンデュ　62
ゴーヤとベーコンのチーズかき揚げ　66
いわしのハーブチーズロールグリル　70
新たまねぎのチーズハンバーグ　92

【ごはんもの&パスタ】
大根と小エビの炊込みご飯とろーりブルーチーズのせ　14
チーズのこんがり焼きおにぎり　15
2種チーズのペンネ　32
イングランド・ドライカレー　46
ブルーチーズのリゾット　72
タスマニアンSUSHIロール　74
フルーツトマトとモッツァレラの冷製パスタ　76

【軽食】
クロワッサンカップサンド　16
フレッシュチーズのメイプルワッフル　17
ハーブサラダピザ　18
バウル　カルツォーネ風　38
アスパラガスとチーズのパンキッシュ　83

【サラダ&マリネ】
チーズタラモサラタ　35
きのことスモークチーズの和風マリネ　36
大根とチーズのさっぱりサラダ　58
フェタチーズとパプリカのカラフルマリネ　79
フェタチーズとグリーンオリーブのサラダ　80

【前菜&おつまみ】
ピーマンのチーズファルシー　20
きゅうりボート　22
生ハムとチーズのコルネ　24
カマンベールのフライ　26
カマンベール ドゥ ノルマンディのアーモンドグリル　27
プラムチーズ　28
チーズ・クリスピー・トルティーヤ　29
カラフルピンチョス　56
マグロのカルパッチョ　パルメザン風　60
ローテスシャーフ アペリティフ風　61
トリュフチーズのスクランブルエッグ　アンディーブのせ　64
マグロとワサビチーズの磯巻き　82
明太子とチーズの湯葉巻きスティック　83

【デザート&お菓子】
チーズのクラコット　パイナップルのフランベのせ　30
いちじくとチーズのパウンドケーキ　40
フレッシュチーズのムース　プラリネ添え　42
アップルチーズ　シュトローデル　50
洋梨とレモンチーズのオープンパイ　51
タピオカマンゴークリーム　84
抹茶ティラミス　86
ブルーチーズとレーズンのサブレ/ラベンダーといちじくのサブレ　88
オレンジベイクドチーズケーキ　90

<編集協力>
　本書の制作にあたり、「チーズ王国」より、チーズに関する資料提供や貴重なアドバイスをいただきました。
　「チーズ王国」では世界各国の自然の恵みから作られた、美味しいチーズを日本に紹介しています。チーズ熟成士、マダムHISADAをはじめとするチーズのプロが、自ら現地を訪ね、作り手の愛情を肌で感じられるこだわりのチーズを輸入・販売しています。

チーズ王国　TEL 042-525-9800
http://www.cheese-oukoku.co.jp

著者紹介

江上 佳奈美（えがみ かなみ）

学習院大学仏文科、パリ・コルドンブルー料理学校卒業。フランス鑑評騎士の会会員。江上料理学院長・江上栄子の長女であり、江上料理学院副院長、料理研究家、フードアドバイザーとして、祖母・江上トミ、母・栄子から受け継いだ伝統をふまえながらも現代的な料理を発表している。食品メーカーや外食、流通のアドバイザーや商品開発・企画を数多く担当。各社の料理コンテストの審査員なども務める。テレビなどでも活躍中。著書は「大人の味のパウンドケーキ」（世界文化社）、「おいしい！かんたん！超初心者レシピ」（主婦と生活社）、「江上佳奈美のはじめての料理」（日本文芸社）など多数。

佐藤 光美（さとう てるみ／写真左）

江上料理学院・教諭、栄養士、フードコーディネーター

黒子 弥生（くろこ やよい／写真右）

江上料理学院・教諭、調理師、フードアドバイザー

編 集 協 力　チーズ王国
装丁／デザイン　前田 寛
撮　　　影　　石塚 英夫

料理＆お菓子レシピ
わが家で楽しむ世界のチーズ

2003年10月10日　　第1刷発行

著　者　　江上佳奈美　佐藤光美　黒子弥生
発行者　　三浦　信夫
発行所　　株式会社　素朴社
　　　　　〒150-0002　東京都渋谷区渋谷1-20-24
　　　　　電話：03(3407)9688　　FAX：03(3409)1286
　　　　　振替　00150-2-52889
印刷・製本　壮光舎印刷株式会社

Ⓒ2003 Kanami Egami, Terumi Sato, Yayoi Kuroko．Printed in Japan
乱丁・落丁本は、お手数ですが小社宛お送り下さい。送料小社負担にてお取替え致します。
ISBN 4-915513-77-7 C2377　価格はカバーに表示してあります。

心と体の健康のために…

女性たちの圧倒的支持を受けている「女性専用外来」と頼れる各科の女性医師たちを紹介

女性のための安心医療ガイド

医学博士 **天野恵子** 監修　A5判／定価：本体1,400円（税別）

女性のクオリティ・オブ・ライフを考慮に入れた医療に積極的な施設や新しい女性医療を目指す病院・女性医師を紹介する好評のガイド・ブック。

＜主な内容＞
第1章　女性医療、性差に基づく医療とは？
第2章　女性の心と体のこと、各科の先生に聞きました
第3章　「女性専用外来」「性差医療」に取り組み始めた医療機関
第4章　全国の頼れる女性医師たち

ドクター・オボの こころの体操　あなたは自分が好きですか

オボクリニック院長 **於保哲外**

対人関係や社会との関わりは、自分自身をどう見るか、自分をどこまで評価できるかという「自分関係」で決まると著者は語る。「人間を診る」医療を心がけている著者のユニークな理論と療法は、こころと体を元気にしてくれる。

四六判 上製／定価：本体1,500円（税別）

ストレスも不景気も笑い飛ばして生きようやないか!!

笑いが心を癒し、病気を治すということ

関西大学教授／日本笑い学会・会長　**井上 宏**

免疫力を高め、難病まで治してくれる笑いのパワーは、人間を元気にしてくれると同時に社会の毒素をも吹き払ってくれる。閉塞感漂う現代にこそ笑いが必要だと著者は語る。

四六判／定価：本体1,300円（税別）